PPバンドで作る
おしゃれなプラかご

古木明美

JN032554

朝日新聞出版

荷造りや梱包用としても使われるプラスチック製のPPバンド。
この本では手芸用の「プラカゴテープ」を使った
おしゃれなかごバッグを紹介しています。

プラかごは軽くて丈夫、汚れても水洗いできるから、
実用的で長く使えるところが魅力です。
街歩きやお買いものなどのふだん使いにはもちろん、
海やアウトドアなど、いろいろなシーンでも活躍します。
その上、鮮やかな色からニュアンスカラーまで色のバリエーションも豊富。

どれも簡単に作れるので、ハンドメイド初心者の方でも大丈夫です。
まずはシンプルな基本のバッグから、慣れてきたら、
菱模様や網代編みなど少し凝ったものにもトライしてみてください。

あなただけのお気に入りのプラかごを
作ってもらえたらうれしいです。

古木明美

Contents

S

LL

M

L

SS

基本のバッグ

シンプルな基本のかごバッグを5サイズ展開で紹介します。

買いものバッグとしても、雑貨などを入れる収納かごとしても使えて便利です。

作り方をくわしく解説しているので、プラかご作りがはじめての方にもおすすめ。

好きな色とサイズを選んで、ぜひ作ってみてください。

作り方／36ページ

Lesson
作品

SSサイズはテープ1巻で作れるミニサイズ。Sサイズはお弁当や水筒を入れてのお出かけにも。MサイズはA4書類も入る、ふだん使いにちょうどいい大きさです。持ち手はどれもビニールチューブに通してあるので、持ちやすさも抜群です。

SS

M

S

LL

L

Lサイズは収納力たっぷりなので、
タオルやリネン類を入れるのにもよ
さそう。LLサイズはこの本の中で
一番の大容量バッグで、持ち手は
肩にかけられるよう長めにしました。

a

ギンガムチェックのバッグ

底ひもと編みひもの色の組み合わせで、簡単にチェック柄が作れます。

aとbは、ひもの色をかえただけ。

食材もたっぷり入るので、エコバッグとして毎日のお買いものに持っていきたい。

作り方/42ページ

b

ドット柄のバッグ

ドット柄がかわいい、大きめのバッグ。

aはボタンをつけて、肩にもかけられるよう持ち手を長くしました。

プラかごは汚れても洗えるので、

海やプールなど夏のレジャーにもぴったりです。

作り方／48ページ

a

b

多色のスクエアかごバッグ

底は正方形、入れ口は丸くしたフォルムのかわいいかごは、

グリーンやブルーなど爽やかな配色でまとめました。

ボタンをつけて入れ口をとめれば、ワンハンドルバッグとしても使えます。

作り方／45ページ

花柄バッグ人・小

シルバー×白で作った、花柄模様がかわいいバッグ。

小サイズと大サイズは配色を逆にしました。

複雑そうに見えますが、

基本のバッグにひもを通していくだけなので、難しくありません。

作り方／61ページ

a

花柄バッグアレンジ

15ページの花柄バッグ大のアレンジです。
通すひもの色をかえるだけで違う柄になり、
雰囲気が変わります。軽くて洗えるプラかごは、
キャンプなどのアウトドアシーンでも活躍してくれそうです。

作り方／64ページ

b

斜め編みのバッグ小

正方形に組んだ底を斜めに立ち上げて編んでいきます。

2色で作れば側面に斜めのラインが入り、

シルバー1色で作ればシックな仕上がりに。

休日のお出かけにぴったりなおしゃれバッグです。

作り方／52ページ

a

b

斜め編みのバッグ大

18—19ページのバッグを長方形底にしてサイズアップ。
ギザギザの縁は折り返して二重にし、
持ち手は中にビニールチューブを入れて丈夫なつくりにしました。
旅のお供に連れて行って。
作り方／56ページ

a

b

菱模様スクエアバッグ

赤と白の配色と中央から広がるスクエア模様が目を引きます。

だんだん模様ができ上がっていくので、編むのも楽しい。

街歩きにはもちろん、ヨガやフィットネスにもぴったりなバッグです。

作り方／65ページ

a

菱模様ギザギザバッグ

ギザギザのラインを生かした、菱模様の小ぶりなバッグ。

1/2幅にカットしたテープで編むので、繊細な模様が作れます。

aはモノトーン系の落ち着いた配色、

bは元気が出そうな爽やかな配色、お好みでどうぞ。

作り方／68ページ

b

菱模様の携帯ショルダー

スマホを入れるのにちょうどいいサイズです。

既製の革ひもをつけましたが、

斜めがけや手持ちなど、

持ち手は好きな長さにアレンジしてください。

作り方／71ページ

菱模様の横長バッグ

カットせずにそのままのテープ幅でざっくりと編むので、

菱模様をはじめて編む方にもおすすめです。

チョコミントのような配色がかわいいバッグです。

作り方／74ページ

斜め網代の単色バッグ

網代に組んだ底を斜めに立ち上げて、

側面も網代で編んでいきます。

シンプルですが、1/2幅のテープで編んでいるので、

繊細できれいな編み地が作れます。

縁はラインがまっすぐになるように始末しました。

作り方／76ページ

斜め網代の3色バッグ

28ページのバッグをアレンジした浅めのバッグ。

底の組み方は同じですが、ひもの色の並べ方を変えると、

側面に模様が規則的に浮かび上がります。

折り返して始末したギザギザの縁もアクセント。

作り方／81ページ

斜め網代のカラフルバッグ

5色のテープで編んだカラフルなバッグ。

aは持ち手を長くして肩かけ、

bはビニールチューブに通した短めの持ち手にしました。

水に濡れても大丈夫なので、スパや温泉に行くときにも。

作り方／85ページ

a

b

収納かご

小物の整理に便利な持ち手つき収納かご。

書類を入れたり、ダストボックスにしたり、使い道はいろいろ。

好きな色でたくさん作って並べるのもかわいい。

作り方／89ページ

a

b

� この本の作品はすべてPPバンド「プラカゴテープ」を使用しています（p.34・96参照）。

⟍ p.36 〜 91の作り方のプロセス写真は、わかりやすくするため、実際の作品とPPバンドの色を部分的にかえています。実際の色は、〔材料〕と〔用意するひもと本数〕を参照してください。

⟍ 記載しているサイズは目安です。手加減によってサイズはかわることがあります。

⟍ 作り方の解説の中では、PPバンドのことを「ひも」と呼んでいます。

⟍ 「プラかご作りのコツ」はp.75・85を参照してください。

⟍ バッグにあまり重いものを入れると、持ち手がはずれることがあるので、ご注意ください。

作り始める前に

プラかご作りに必要な材料や用具、準備などを紹介します。

材料

PPバンド「プラカゴテープ」

荷造りや梱包用としても使われるプラスチック製のPPバンド。この本では手芸用の「プラカゴテープ」を使用しています。通常のPPバンドに比べ、やわらかく編みやすいのが特徴。カラーバリエーションも豊富で、カラフルなものからニュアンスのある色まであります。テープの幅は約1.5cmで、1巻は30m。必要に応じて、1/2幅、1/4幅にカットして使います。

透明ビニールチューブ

PPバンドで編んだ持ち手を通してカバーにします。持ったときの手触りがよくなり、補強にもなります。この本では、内径9mm、外径11mmのものを使用。ホームセンターなどで手に入ります。

プラカゴテープ実物大

全幅

1/2幅

1/4幅

準備

カットの仕方

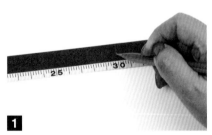

1

「用意するひもと本数」を参照し、必要な長さを測り、鉛筆などで印をつける。

2

はさみでひもをカットする。

3

「底ひも」「編みひも」など番号別にマスキングテープなどで束ねておく。

巻きぐせをとる

カットしたひもは巻きぐせがついているので、一晩くらい逆向きにゆるめに巻いて洗濯バサミでとめておくと(写真左)、編みやすくなります。逆向きに巻いて、ジッパーつきのビニール袋に入れておいてもよいでしょう(写真右)。

用具

はさみ
ひもをカットするときに使う。グリップの大きいものが使いやすい。

洗濯バサミ
編みひもを押さえるときなどに使う。洋裁用の小さなクリップがあると便利。

メジャーと定規
ひもをカットするときや持ち手の長さを測るときに必要。

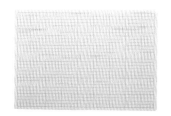

方眼マット
方眼の入ったカッティングマットがあると底を組むときに便利。

養生テープ
底を組むときにひもがずれないように貼って固定する。

マスキングテープ
底の立ち上げ位置に貼ったり、編みひもを束ねるときに。

両面テープ
ひもを十字に組むときに使う。プラスチック素材に貼れるものを選ぶ。

PPバンドカッター
PPバンドを1/2幅や1/4幅にカットするときに使う専用のカッター。

あると便利な道具　なくても作れますが、あると作業が楽になります。

ペンチ
編みひもを引っ張るときなどに。

目打ち
ボタンのつけひもを通すときに、すき間をあけて通しやすくする。

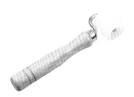

ローラー
底から出ているひもを立ち上げるときに。しっかりと折り目がつけられる。

プラスチック製のへら
ひもを編み目に通すなどに。ホームセンターや100円ショップで。

ペーパーウエイト
ひもを押さえるときにあると便利。

基本のバッグの作り方

基本のバッグSの作り方をくわしく解説します。底の組み方や側面の編み方など、他の作品にも共通する基本のテクニックをここでマスターしましょう。

基本のバッグS

写真4—7ページ

20cm
30cm
11cm

〔材料〕
プラカゴテープ（30m巻）ガーネット 2巻
透明ビニールチューブ（内径9mm、外径11mm）
　30cm×2本

〔用具〕
35ページ参照

〔用意するひもと本数〕

①底ひも	92cm	×	7本
②底ひも	72cm	×	19本
③編みひも	92cm	×	13本
④縁始末ひも	90cm	×	2本
⑤持ち手ひも	100cm	×	8本 1/2幅にカット

〔準備〕
● ひもをカットし、①、②底ひもの中央に印をつける（カーブの外側につける）。
● カットしたひもを逆向きにゆるめに巻いて、巻きぐせをとる（p.34参照）。
● 方眼マットに養生テープの両端を少し折り返して接着面を上にしてとめる。

底を組む

方眼マットのマス目に合わせながらひもを並べ、歪みのない底を作ることが大切です。底に歪みがあると側面を編むときにも影響してしまうので、気をつけましょう。

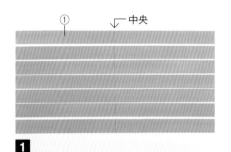

1

底ひもの中央を合わせ、1mm弱間隔をあけて並べる。

Point

養生テープの接着面を上にして貼った方眼マットの上に、①底ひもの両側を固定すると作業しやすい。

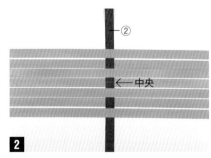

2

②底ひも1本を①底ひもの中央に、横方向のひもに対して、下、上、下の順に1目ずつ編み目が交互になるように通す。

3

②底ひもの上下に養生テープを貼って固定する。

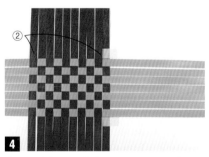

4

中央の左側に、②底ひもを編み目が交互になるように9本（残りの②底ひもの半分）通す。

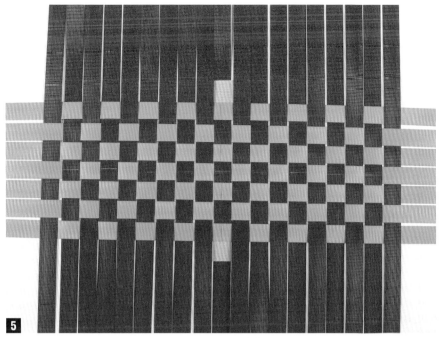

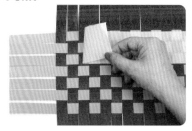

底が組めたら、ひもが動かないように四辺を養生テープでとめる（①底ひもの両側をとめていたテープをはがし、それを利用する）。

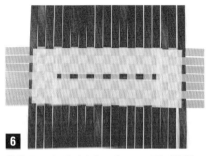

6

養生テープでとめたところ。この面が外側になる。

5

同様に右側にも②底ひもを9本（残りの②底ひも全部）通し、編み目を詰める。底の大きさは約30cm×11cm。

立ち上げる

底から出ているひもをすべて内側に折り曲げます。しっかりと折り目をつけて立ち上げましょう。

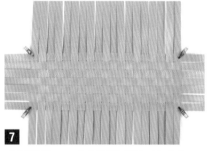

7

底を裏返し、四角を洗濯バサミでとめる。この面が内側になる。

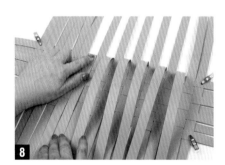

8

底から出ている②底ひもを①底ひもの端に当てながら、1本おきに内側にしっかりと折る。

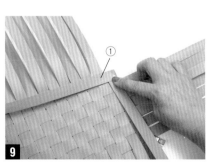

9

一番上の①底ひも内側に折る。

10

9で折った①底ひもに当てながら、残りの②底ひもを内側に折る。※①底ひもを1本先に折ることで、②底ひもを折りやすくします。**9**で定規を当てて一度にひもを折ってもOK。

11

90度回転させて、**8〜10**をくり返す。同様に全部のひもを内側に折って立ち上げる。以降、立ち上げたひもはすべて「縦ひも」とする。

37

側面を編む

編みひもはところどころ、洗濯バサミやクリップで縦ひもにとめながら編みます。PPバンドはボンドでとめることができないので、編み始めと編み終わりのひも端を多めに重ねます。

12 ③編みひも1本を前側の左端から2番めの縦ひもの裏側に洗濯バサミでとめ、編み目が交互になるように編む。

13 角は縦ひもと縦ひもの間にすき間があかないように気をつけて編む（③編みひもに折り目はつけない）。

14 1段編んだら、編み終わりのひもを編み始めのひもの内側に重ねる。編み終わりのひも端は縦ひもの裏側に隠れるようにし、ひもの重なり分の長さを測っておく。

15 2本めの③編みひもを後ろ側に洗濯バサミでとめ、同様に1段編む。編み始めと編み終わりのひもの重なり分を**14**と同じ長さにすると、形が歪まない。

16 編み始め位置を毎段ずらしながら、③編みひもで計13段編む。縦ひもを上に引っ張って編み目を詰め、形を整える。

13段

縁始末をする

残った縦ひもを内側と外側に折り、縁始末ひもを通して補強をします。他の作品でもよく使われる、基本の縁始末の方法です。

17 残った縦ひもを最上段の編み目をくるむように、内側と外側に交互に折る。

18 外側に折った縦ひもを側面の編み目に差し込むが、差し込んだときにひも端が編み目から隠れる長さ（5段めの編み目からはみ出さない長さ）にカットする。

19 カットした縦ひもを、側面の上から3段めと5段めの編み目（●の目）に差し込む。

20 同様に外側に折った縦ひもを全部差し込む。

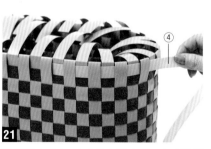

21 ④縁始末ひも1本を最上段の縦ひもの裏側に通す。スタート位置はどこからでもよいが、持ち手つけ位置は避ける。

22

④縁始末ひもを1周通したら、通し終わりは通し始めのひもと重ねる。

23

もう1本の④縁始末ひもを最上段の外側に沿わせ、洗濯バサミで1周とめる。

24

17で内側に折った縦ひもを外側に折り直し、側面の上から2段め、4段め、6段めの編み目（●の目）に差し込む。④縁始末ひもの端は、22と同様にする。

持ち手を作る

丸編みを編んだあとに、ビニールチューブに通します。チューブに通すことで、持ちやすく、丈夫な持ち手になります。

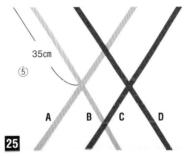

25

⑤持ち手ひも4本で丸編みを編む。AとBを端から35cmのところでクロスさせ、AはBの上にする。CとDも同様にする。

26

C、DひもをA、Bひもの上にのせ、洗濯バサミでとめる。

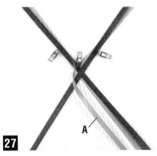

27

左側のAひもを手前に返す。

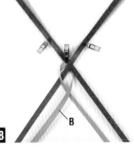

28

右側のBひもを手前に返す。

29

右側のDひもを後ろから回して、左側2本のひもの間に出し、手前に返す。

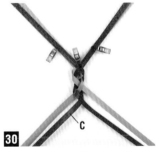

30

左側のCひもを後ろから回して、右側2本のひもの間に出し、手前に返す。

31

29と30をくり返して編む。

32

30cmになるまで編む。

33

⑤持ち手ひもを4本重ねてまとめる。

34 ビニールチューブに**33**を編み始め側から通す。

35 チューブからひも端が出たら、矢印の方向に引っ張り、丸編み部分をチューブに通す。

36 チューブに通したあとに丸編み部分が長ければ、チューブの端までほどく。同じものをもう1本作る。

持ち手をつける

持ち手ひもを側面の裏側の編み目に通して仕上げます。ひもはそのつど引き締め、通した目はゆるまないように、しっかりとつぶします。

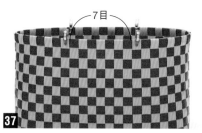

37 持ち手つけ位置に洗濯バサミで印をつける。

38 持ち手つけ位置の編み目に**36**の端を4本重ねて通し、2本ずつ左右に分ける。

39 2本のひもを重ね、くるりと向こう側に折り返してから左右外側の目（●の目）に通す。

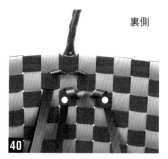

40 右側の2本のひもを1本ずつ左右に分け、くるりと折り返してから左右外側の目に通す。

41 左側の2本のひもも同様に通す。ひもはそのつど引き締める。

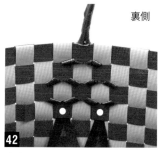

42 今度はそれぞれのひもを左右内側の目に同様に通す。

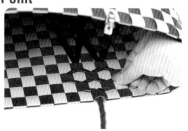

Point

持ち手のひもを全部通したら、通した目を手でしっかりとつぶす。つぶすことで、持ち手ひもが抜けにくくなる。

43 ⑤持ち手ひもの余分をカットする。

44 もう一方の端も同様につけ、反対側の持ち手も同様につける。底に貼った養生テープをはがす。

基本のバッグSS・M・L・LL

p.36 ～ 40の基本のバッグSの作り方を参照して作ります。

〔材料〕

プラカゴテープ（30m巻）

SS アンティークグリーン 1巻

M ローズグレイ 2巻

L バトルシップグレー 2巻

LL ホワイト 2巻

透明ビニールチューブ

（内径9mm、外径11mm）

SS 26cm×2本　**M・L** 30cm×2本

〔用意するひもと本数〕

	SS	M	L	LL
①底ひも	80cm× 7本	100cm× 9本	108cm×11本	118cm×13本
②底ひも	67cm×15本	80cm×21本	88cm×23本	98cm×25本
③編みひも	82cm×10本	108cm×14本	120cm×15本	136cm×17本
④縁始末ひも	78cm× 2本	102cm× 2本	115cm× 2本	133cm× 2本
⑤持ち手ひも	90cm× 8本	100cm× 8本	100cm× 8本	130cm× 8本　1/2幅にカット

基本のバッグSS

写真4－7ページ

①底ひも7本、②底ひも15本で底を組み、③編みひもで側面を10段編んで縁始末をする。⑤持ち手ひもで端から30cmのところから丸編みを26cm編む。持ち手の間隔は5目にする（持ち手のつけ方は**S**と同じ）。

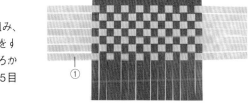

基本のバッグM

写真4－7ページ

①底ひも9本、②底ひも21本で底を組み、③編みひもで側面を14段編んで縁始末をする。持ち手の作り方とつけ方は**S**と同じ。

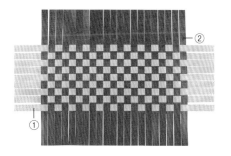

基本のバッグL

写真4－7ページ

①底ひも11本、②底ひも23本で底を組み、③編みひもで側面を15段編んで縁始末をする。持ち手の作り方とつけ方は**S**と同じ。

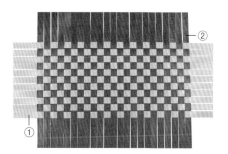
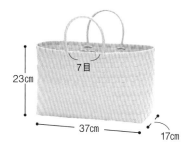

基本のバッグLL

写真4－7ページ

①底ひも13本、②底ひも25本で底を組み、③編みひもで側面を17段編んで縁始末をする。⑤持ち手ひもで端から20cmのところから丸編みを55cm編む（ビニールチューブは通さない）。持ち手の間隔は13目にする（持ち手のつけ方は**S**と同じ）。

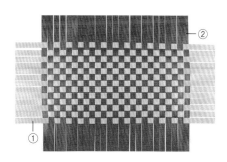
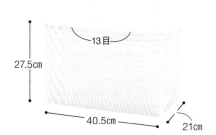

ギンガムチェックのバッグ

写真8−9ページ

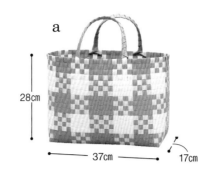
a

b

〔材料〕

プラカゴテープ（30m巻）

a アンティークグリーン 2巻、ホワイト 1巻

b セピア 2巻、トープ 2巻

〔用具〕 35ページ参照

〔用意するひもと本数〕

a
①底ひも	118cm × 5本	アンティークグリーン
②底ひも	118cm × 6本	ホワイト
③底ひも	98cm × 13本	アンティークグリーン
④底ひも	98cm × 10本	ホワイト
⑤編みひも	123cm × 10本	アンティークグリーン
⑥編みひも	123cm × 8本	ホワイト
⑦縁始末ひも	120cm × 2本	アンティークグリーン
⑧持ち手芯ひも	55cm × 4本	ホワイト
⑨持ち手巻きひも	120cm × 4本	アンティークグリーン

b
①底ひも	118cm × 5本	セピア
②底ひも	118cm × 6本	トープ
③底ひも	98cm × 11本	セピア
④底ひも	98cm × 12本	トープ
⑤編みひも	123cm × 9本	セピア
⑥編みひも	123cm × 9本	トープ
⑦縁始末ひも	120cm × 2本	トープ
⑧持ち手芯ひも	55cm × 4本	セピア
⑨持ち手巻きひも	120cm × 4本	セピア

〔準備〕 36ページと同様

〔aの作り方〕

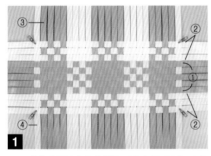
1
p.36「底を組む」を参照して底を作るが、ひもを並べる順番に注意する。横方向の底ひもを上から②3本、①5本、②3本の順に並べ、縦方向の底ひもを中央に③1本、その左右に③2本、④4本、③4本、④1本の順に通す。

2
四辺を養生テープでとめ、p.37「立ち上げる」を参照し、底を裏返して底から出ているひもを内側に立ち上げる。以降、立ち上げたひもはすべて「縦ひも」とする。

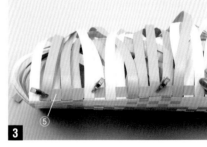
3
p.38「側面を編む」を参照し、⑤編みひもを左端から2番めの縦ひもの裏側に洗濯バサミでとめ、編み目が交互になるように1段編む。

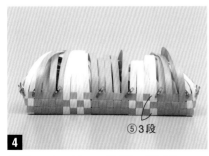
4
⑤編みひもでさらに2段（計3段）編む。

⑤3段

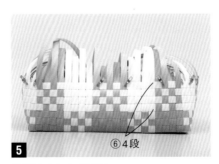
5
⑥編みひもで4段編む。

⑥4段

6
続けて、⑤編みひもで4段、⑥編みひもで4段、⑤編みひもで3段、編み始め位置を毎段ずらしながら計18段編む。

⑤⑥
18段

7　残った縦ひもを最上段の編み目をくるむように、内側と外側に交互に折る。

8　p.38「縁始末をする」を参照し、外側に折った縦ひもを側面の上から3段めと5段めの編み目に差し込み、⑦縁始末ひも1本を最上段の縦ひもの裏側に通す。

9　もう1本の⑦縁始末ひもを最上段の外側に沿わせて洗濯バサミでとめ、内側に折った縦ひもを外側に折り直し、側面の上からの2段め、4段め、6段めの編み目に差し込む。

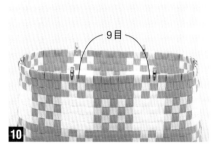

10　縁始末が終わったら、持ち手つけ位置に洗濯バサミで印をつける。

11　⑧持ち手芯ひもの両端から10cmのところに印をつけ、持ち手つけ位置の縦ひもの外側と内側に1本ずつ、10cm差し込む。

12　バックの内側に⑨持ち手巻きひも2本を端から20cmのところでクロスさせ、洗濯バサミでとめる。⑨持ち手巻きひもは右上方向のひもを上にする。

13　バッグの外側を見ながら、三角巻きの持ち手を作る。左の⑨持ち手巻きひもを右斜め上に折る。

14　右の⑨持ち手巻きひもを左斜め上に折り（**13**で折ったひもに重ねる）、⑧持ち手芯ひもの左端で折って裏側に出す。

15　裏側に出した**14**のひもを⑧持ち手芯ひもの右端で折り、右側のひもの下を通して左側へ出す。

16　右側のひもを⑧持ち手芯ひもの右端で折って裏側に出す。

17　裏側に出した**16**のひもを⑧持ち手芯ひもの左端で折り、左側のひもの下を通して右側へ出す。

18　**14**～**17**をくり返して巻く。⑧持ち手芯ひもはカーブさせずに、まっすぐ伸ばした状態で巻く。

43

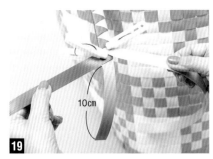

19 ⑧持ち手芯ひもの端から10cmのところまで巻いたら、洗濯バサミでとめる。

20 残りの⑧持ち手芯ひもを**11**と同様に差し込む。

裏側

21 巻き終わりの⑨持ち手巻きひもを裏側に折り、側面にとめていく。

裏側

22 ⑨持ち手巻きひもを1本ずつくるりと向こう側に折り返してから、上から2段めの編み目（●の目）に通す。

裏側

23 それぞれのひもをくるりと折り返してから、左右外側の目に通す。ひもはそのつど引き締める。

裏側

24 今度はそれぞれのひもを左右内側の目に同様に通す。

裏側

25 通した目を手でしっかりとつぶし、⑨持ち手巻きひもの余分をカットする。

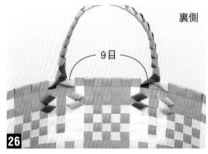

裏側

26 巻き始め側も、残しておいた⑨持ち手巻きひもで同様につける。

27 反対側の持ち手も同様に作る。底に貼った養生テープをはがす。

〔bの作り方〕

aを参照して作る。横方向の底ひもを上から①①②②②①②②②①①の順に並べ、縦方向の底ひもを中央に③1本、その左右に③1本、④3本、③3本、④3本、③1本の順に通す。底から出ているひもを内側に立ち上げ、側面は「⑤編みひもで3段、⑥編みひもで3段」を3回くり返す。縁始末と持ち手はaと同じ。

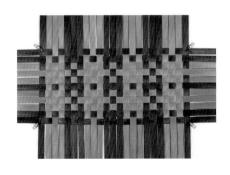

多色のスクエアかごバッグ

写真12—13ページ

〔材料〕
プラカゴテープ（30m巻）
　スペアミント 1巻、ホワイト 1巻、ターコイズブルー 1巻、スカイグリーン 1巻
透明ビニールチューブ（内径9mm、外径11mm）50cm×1本

〔用具〕　35ページ参照

〔用意するひもと本数〕

①底ひも	94cm	× 14本	スペアミント	⑦縁始末ひも	105cm	× 2本	スペアミント
②底ひも	94cm	× 16本	ホワイト	⑧持ち手ひも	130cm	× 2本	スペアミント
③編みひも	109cm	× 4本	ターコイズブルー	⑨持ち手ひも	130cm	× 2本	ホワイト
④編みひも	109cm	× 3本	スカイグリーン	⑩ボタンひも	40cm	× 2本	ターコイズブルー
⑤編みひも	109cm	× 5本	スペアミント	⑪ボタンつけひも	60cm	× 1本	ターコイズブルー 1/4幅にカット
⑥編みひも	109cm	× 3本	ホワイト	⑫かけひも	60cm	× 2本	ターコイズブルー 1/4幅にカット

〔準備〕　36ページと同様

24cm
24cm
24cm

1　p.36「底を組む」を参照して底を作る。横方向に上から②底ひも8本と①底ひも7本を1本ずつ交互に並べる。

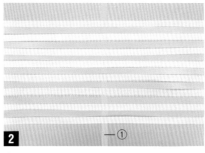

2　①底ひも1本を1の中央に、横方向のひもに対して下、上、下の順に1目ずつ編み目が交互になるように通す。

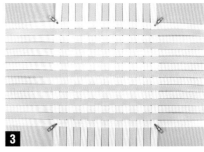

3　中央の右側に、②底ひも4本と①底ひも3本を1本ずつ編み目が交互になるように通す。左側にも同様に通し、編み目を詰めて四角を洗濯バサミでとめる。

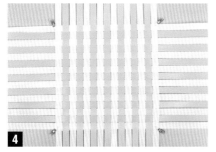

4　四辺を養生テープでとめ、底を裏返す。縦しま模様になる。この面が内側になる。

5　p.37「立ち上げる」を参照し、底から出ているひもを内側に立ち上げる。以降、立ち上げたひもはすべて「縦ひも」とする。

6　p.38「側面を編む」を参照し、③編みひもを左端の縦ひもの裏側に洗濯バサミでとめ（側面の向きに注意する）、編み目が交互になるように1段編む。

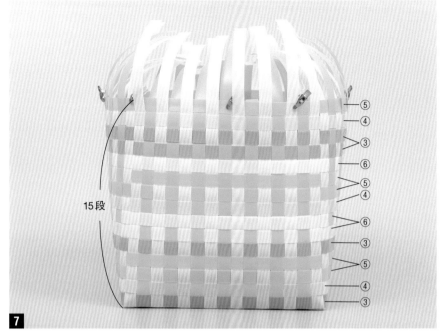

7 15段

⑤
④
③
⑥
⑤
④
⑥
③
⑤
④
③

続けて、④⑤⑤③⑥⑥④⑤⑤⑥③③④⑤編みひもの順に、編み始め位置を毎段ずらしながら計15段編む。

8

7の隣の面。前後と左右で柄の出方が違う。

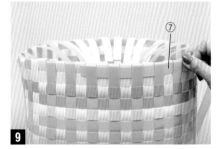

9 ⑦

残った縦ひもを最上段の編みひもをくるむように、内側と外側に交互に折る。p.38「縁始末をする」を参照し、外側に折った縦ひもを側面の上から3段めと5段めの編み目に差し込み、⑦縁始末ひも1本を最上段の縦ひもの裏側に通す。

10 ⑦

もう1本の⑦縁始末ひもを最上段の外側に沿わせて洗濯バサミでとめ、内側に折った縦ひもを外側に折り直し、側面の上から2段め、4段め、6段めの編み目に差し込む。

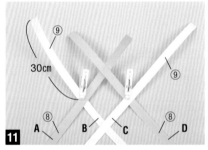

11 ⑨ 30cm ⑨ ⑧ A B C D ⑧

p.39「持ち手を作る」を参照し、⑧、⑨持ち手ひもを端から30cmのところで2本ずつクロスさせるが、ひもの色と重ね方に注意する。

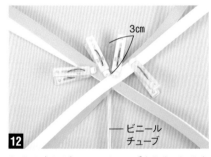

12 3cm ビニールチューブ

A、Bの上にビニールチューブをおき、C、Dを重ねて洗濯バサミでとめる。※チューブが抜けやすいので、チューブの先を3cmくらい出しておきます。

13

チューブをくるみながら、きつめに丸編みを編む。

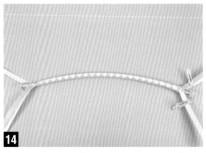

14

丸編みでチューブの長さ分を編んだら（12で出しておいたチューブは途中で引く）、編み終わりを洗濯バサミでとめる（編み始めと編み終わりに養生テープを巻いて固定してもよい）。

15

持ち手つけ位置（左右中央・8の面）に洗濯バサミで印をつける。

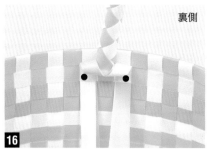

16 中央の縦ひもの左右外側、上から2段めの編み目（●の目）に**14**の端を2本ずつ重ね、くるりと向こう側に折り返してから通す。

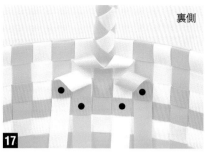

17 下のひもをそれぞれ2目先の目に通し、上のひもはくるりと折り返してから左右外側、上から3段めの目に通す。ひもはそのつど引き締める。

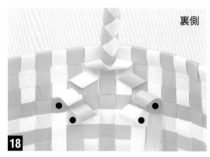

18 上のひもも下のひもも左右外側の1段下の目にくるりと折り返してから通す。

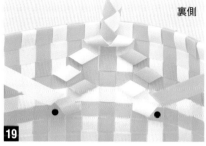

19 下のひもを左右外側の1段下の目に同様に通す。

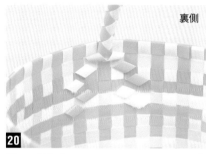

20 通した目を手でしっかりとつぶし、ひもの余分をカットする。

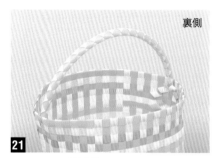

21 もう一方の端も同様につける。

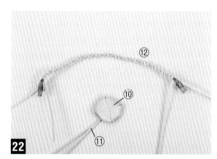

22 p.49〜51の**17**〜**39**を参照し、⑩ボタンひもと⑪ボタンつけひもでボタンを作り、⑫かけひもでかけひもを作る。

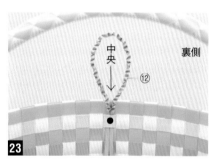

23 後ろ側中央の編み目（●の目）に⑫かけひも4本を通す。

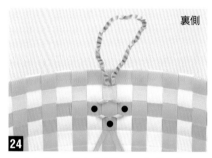

24 p.51の**41**〜**43**を参照し、2本ずつ左右に分けて左右外側の目に通し、中央の上から4段めの目に通す。ひもを引き締め、ひもの余分をカットする。

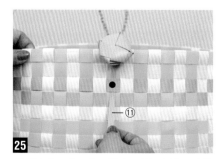

25 前側中央の上から3段めの編み目（●の目）に⑪ボタンつけひも2本を通す。

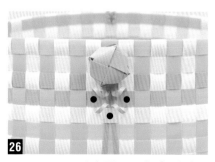

26 p.51の**45**〜**47**を参照し、1本ずつ左右に分けて左右外側の目に通し、中央の上から5段めの目に通す。ひもを引き締め、ひもの余分をカットする。

27 底に貼った養生テープをはがす。

ドット柄のバッグ

写真10−11ページ

〔材料〕

プラカゴテープ（30m巻）

  a ガーネット 2巻、ホワイト 1巻

  b プルシャンブルー 2巻、ホワイト1巻

〔用具〕 35ページ参照

〔準備〕 36ページと同様

a

26cm

37cm

17cm

b

26cm

37cm

17cm

〔aの作り方〕

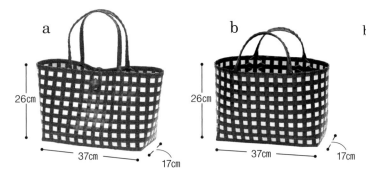

1

p.36「底を組む」を参照し、①底ひも11本と②底ひも23本で底を作る。

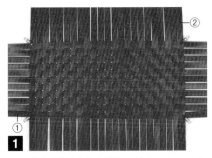

2

四辺を養生テープでとめ、p.37「立ち上げる」を参照し、底を裏返して底から出ているひもを内側に立ち上げる。以降、立ち上げたひもはすべて「縦ひも」とする。

3

p.38「側面を編む」を参照し、③編みひもを左端から2番めの縦ひもの裏側に洗濯バサミでとめ、編み目が交互になるように1段編む。

4

④編みひもで1段編む。

5

17段

③編みひもと④編みひもを1段ごとに交互に、編み始め位置を毎段ずらしながら計17段編む。

6

残った縦ひもを最上段の編み目をくるむように、内側と外側に交互に折る。p.38「縁始末をする」を参照し、外側に折った縦ひもを側面の上から3段めと5段めの編み目に差し込む。

7 ⑤縁始末ひも1本を最上段の縦ひもの裏側に通す。

8 もう1本の⑤縁始末ひもを最上段の外側に沿わせて洗濯バサミでとめ、内側に折った縦ひもを外側に折り直し、側面の上からの2段め、4段め、6段めの編み目に差し込む。

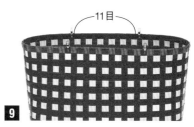

9 縁始末が終わったら、持ち手つけ位置に洗濯バサミで印をつける。

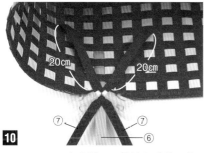

10 p.43の**11・12**を参照し、⑥持ち手芯ひも2本を10cm差し込み、⑦持ち手巻きひも2本を端から20cmのところでクロスさせ、洗濯バサミでとめる。

11 p.43・44の**13‥20**を参照し、三角巻きの持ち手を作り、残りの⑥持ち手芯ひもを差し込む。

12 p.44の**21・22**を参照し、⑦持ち手巻きひもを1本ずつくると向こう側に折り返してから、上から2段めの編み目（●の目）に通す。

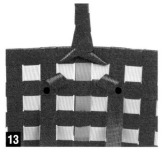

13 それぞれのひもをくるりと折り返してから、左右外側の目に通す。ひもはそのつど引き締める。

14 それぞれのひもを左右内側の目に同様に通す。

15 通した目を手でしっかりとつぶし、⑦持ち手巻きひもの余分をカットする。

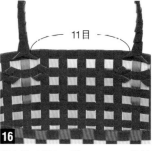

16 巻き始め側も、残しておいた⑦持ち手巻きひもで同様につける。反対側の持ち手も同様に作る。

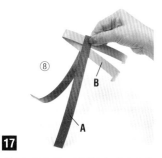

17 ボタンを作る。⑧ボタンひも2本を半分に折り、**A**ひもの折り山を**B**ひもにかける。

18 下側の**A**ひもを**B**の折り山のループに通す。**A**ひもは引き締めず、ループを残しておく。

19 下側の**B**ひもを**18**でできた**A**のループに通す。

20 **A**ひもと**B**ひもを引き締め、しっかりと折り目をつける。

21 ⑨ボタンつけひもを **20** の裏側から通し、中央にひもを出す。⑨ボタンつけひもが出ている方が裏側になる。

表側

22 ⑨ボタンつけひもを引いたところ。この面が表側。

表側

23 残った⑧ボタンひもを1本ずつ、反時計回りに順に折り重ねる。

表側

24 最後のひもは最初のひもの下を通す。

表側

25 ひもを少しずつ引いて形を整え、しっかりと折り目をつける。

裏側

26 裏返し、残った⑧ボタンひもを1本ずつ時計回りに編み目に通す。

裏側

27 2本めの⑧ボタンひもを通しているところ。

裏側

28 最後の4本めのひもは2枚下に通す。ひもを引いて形を整える。

裏側

29 さらに残ったひもを1本ずつ編み目に通すが、今度は1枚めと2枚めの間に通す。

裏側

30 ひもを少しずつ引いて形を整える。

裏側

31 ひもの余分をカットする。この面が裏側。

表側

32 ボタンができた。

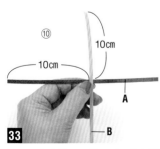

⑩

10cm

10cm

A

B

33 かけひもを作る。⑩かけひもを端から10cmのところで十字にする。縦方向のひもを上にする。

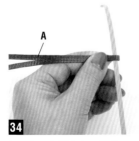

A

34 Aひもの右側を左に折る。

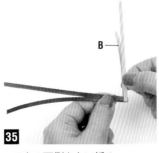

B

35 Bひもの下側を上に折る。

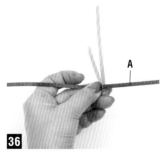

B

A

36 上側のAひもを右に折る。

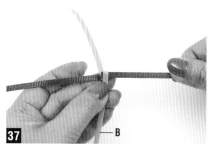

37
上側の**B**ひもを下に折る。

編み始め →

38
34～37をくり返し、少し編んだら編み始めを洗濯バサミでとめる。

39
20cm編んだら編み終わりを洗濯バサミでとめる。

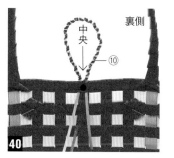

中央
↓
⑩

裏側

40
後ろ側中央の編み目（●の目）に⑩かけひも４本を通す。

裏側

41
２本ずつ左右に分け、２本のひもを重ねてくるりと向こう側に折り返してから左右外側の目に通す。

裏側

42
左右の２本のひもをくるりと折り返してから中央の上から３段めの目に通す。

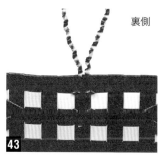

裏側

43
ひもを引き締め、ひもの余分をカットする。

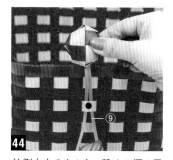

⑨

44
前側中央の上から４段めの編み目（●の目）に**32**の⑨ボタンつけひも２本を通す。

45
１本ずつ左右に分け、くるりと向こう側に折り返してから左右外側の目に通す。

46
左右のひもをくるりと折り返してから中央の上から６段めの目に通す。

47
ひもを引き締め、ひもの余分をカットする。

48
底に貼った養生テープをはがす。

〔ｂの作り方〕

ａの**1～16**と同様に作る。持ち手の長さが違うが、⑥持ち手芯ひもは同様に10cm差し込み、端から10cmのところまで巻く。持ち手のつけ方はａと同じ。

斜め編みのバッグ小

写真18−19ページ

〔材料〕

プラカゴテープ（30m巻）
　a プルシャンブルー 1巻、バトルシップグレー 1巻
　b シルバー 2巻
透明ビニールチューブ（内径9mm、外径11mm）30cm×2本

〔用具〕　35ページ参照

〔準備〕

aは①〜⑱編みひも、bは①〜⑨編みひもの中央に印をつける。その他は36ページと同様

a

20cm
20cm
20cm

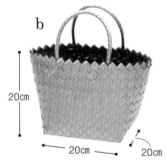

b

20cm
20cm
20cm

〔用意するひもと本数〕

a	①編みひも	109cm	× 2本	バトルシップグレー	
	②編みひも	109cm	× 2本	プルシャンブルー	
	③編みひも	106cm	× 2本	バトルシップグレー	
	④編みひも	106cm	× 2本	プルシャンブルー	
	⑤編みひも	103cm	× 2本	バトルシップグレー	
	⑥編みひも	103cm	× 2本	プルシャンブルー	
	⑦編みひも	100cm	× 2本	バトルシップグレー	
	⑧編みひも	100cm	× 2本	プルシャンブルー	
	⑨編みひも	97cm	× 2本	バトルシップグレー	
	⑩編みひも	97cm	× 2本	プルシャンブルー	
	⑪編みひも	94cm	× 2本	バトルシップグレー	
	⑫編みひも	94cm	× 2本	プルシャンブルー	
	⑬編みひも	91cm	× 2本	バトルシップグレー	
	⑭編みひも	91cm	× 2本	プルシャンブルー	
	⑮編みひも	88cm	× 2本	バトルシップグレー	
	⑯編みひも	88cm	× 2本	プルシャンブルー	
	⑰編みひも	85cm	× 2本	バトルシップグレー	
	⑱編みひも	85cm	× 2本	プルシャンブルー	
	⑲持ち手ひも	100cm	× 8本	プルシャンブルー	1/2幅にカット
b	①編みひも	109cm	× 4本		
	②編みひも	106cm	× 4本		
	③編みひも	103cm	× 4本		
	④編みひも	100cm	× 4本		
	⑤編みひも	97cm	× 4本		
	⑥編みひも	94cm	× 4本		
	⑦編みひも	91cm	× 4本		
	⑧編みひも	88cm	× 4本		
	⑨編みひも	85cm	× 4本		
	⑩持ち手ひも	100cm	× 8本		1/2幅にカット

〔aの作り方〕

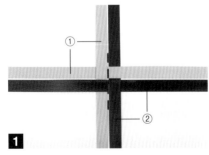

1
①編みひも2本と②編みひも2本の中央を写真のように合わせ（赤の破線が中央）、井桁に組み、両面テープでとめる。左上と右下は縦方向のひもを上にする。※方眼マットの上に養生テープを貼り、マス目に合わせながらひもを並べます（p.36のPoint参照）。

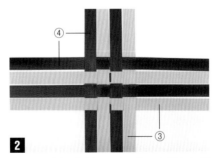

2
右側と下側に③編みひも2本、左側と上側に④編みひも2本をそれぞれ破線に中央を合わせ、編み目が交互になるように編み入れる。

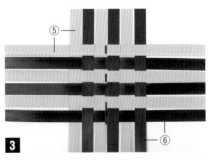

3
右側と下側に⑥編みひも2本、左側と上側に⑤編みひも2本を同様に編み入れる。

4 同様に上下左右に、⑦⑧編みひも、⑨⑩編みひも、⑪⑫編みひも、⑬⑭編みひも、⑮⑯編みひも、⑰⑱編みひもをブルーとグレーが交互になるように編み入れる。

5 編みひもの端は、中央からひも幅分ずつ短くなる。

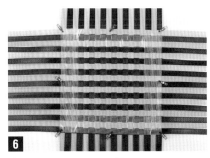

6 底が組めたら、ひもが動かないように四辺を養生テープでとめ、四角と立ち上げ位置（**7**参照）に洗濯バサミをとめる。この面が外側になる。

7 底を裏返して立ち上げ位置にマスキングテープを貼り、洗濯バサミをはずす。この面が内側。四角の洗濯バサミははずさないでおく。

8 テープに沿って定規を当て、内側にしっかりと折る。

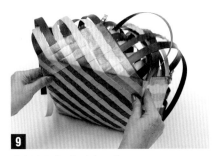

9 全部立ち上がったところ。

10 角から編み始める。角の①、②編みひもを交差させ、洗濯バサミでとめる。他の3カ所も同様にとめる。

11 底に貼った養生テープをはがす（側面を編むときに編み目が見づらいため）。

12 **10**の右側の②編みひもを右上方向に編み目が交互になるように編む。これが1本め。

13

左隣の③編みひもを右上方向に同様に編む。2本め。

14

同様に左隣のひも、⑥⑦⑩⑪⑭⑮⑱を順に編む。全部で9本編むと一つの角が編み上がる。

15

次の角を編む。①編みひもを右上方向に編み目が交互になるように編む。

16

2つめの角からは、9段めまで編む（◇の目を1段と数える）。

17

同じ要領で、3つめの角を計9本編む。

18

同様に残りの角を編む。

19

角を全部編むと、中央上部の三角部分が編み残る。

20

中央上部の三角部分を編む。

21

斜めストライプの面を前側にし（前後と左右で柄の出方が違う）、編み地を整える。

22

縁始末をする。上部の2本のひもを左上方向のひも（ここではグレー）を手前にして交差させる。

23

右上方向のひも（ここではブルー）を左下に折り、3目め、5目め、7目め（●の目）に（入れられるところまで）通す。ひも端は編みひもの裏側に隠れるようにし、長ければカットする。

24

左上方向のひも（ここではグレー）を右下に折り、4目め、6目め、8目めに（入れられるところまで）通す。ひも端は編みひもの裏側に隠れるようにし、長ければカットする。

25
右隣の2本のひもを**22**と同様に交差させ、右上方向のひも（ここではグレー）を左下に折り、3目め、5目め、7目めに通す。

26
左上方向のひも（ここではブルー）を右下に折り、4目め、6目め、8目めに通す（2目めはとばす）。同様に右隣のひもを2本ずつ順に始末していく。

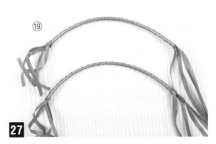

27
p.39「持ち手を作る」を参照し、⑲持ち手ひもで端から35cmのところから丸編みを30cm編み、ビニールチューブに通す。

28
持ち手つけ位置に洗濯バサミで印をつける。持ち手の間隔は山6個分、洗濯バサミは、ギザギザの凹みにつける。

29
27の端を2本ずつ左右に分けて左側は1目め、右側は2目めの編み目（●の目）に通す。

30
ひもをくるりと向こう側に折り返してから、左側は2目め、右側は4目めにそれぞれ通す。ひもはそのつど引き締める。

31
同様にくるりと折り返してから、左側は4目め、右側は4目めにそれぞれ通す。

32
2本のひもを1本ずつ左右に分け、くるりと折り返してから左右外側の目に通す。

33
今度は左右内側の目に2本を通す。通した目を手でしっかりとつぶし、ひもの余分をカットする。

34
もう一方の端も同様につける。

35
反対側の持ち手も同様につける。底の内側に貼ったマスキングテープをはがす。

〔bの作り方〕

aと同様に作る。①編みひも4本を中央で井桁に組み、②編みひもを中央を合わせて上下左右に組む。同様に③～⑨編みひもを中央を合わせて上下左右に組む。6～26と同様に側面を編んで縁始末をし、⑩持ち手ひもで27～35と同様に持ち手を作ってつける。

斜め編みのバッグ大

写真20−21ページ

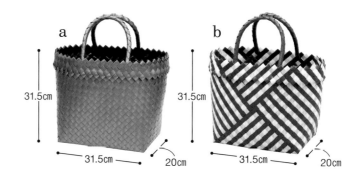

〔材料〕

プラカゴテープ（30m巻）

a アンティークゴールド 3巻

b スレートグリーン 2巻、ホワイト 1巻

透明ビニールチューブ（内径 9mm、外径11mm）
42cm×2本

〔用具〕 35ページ参照

〔準備〕

aは①〜⑩編みひも、bは①〜⑪編みひも
の中央に印をつける。その他は36ページと
同様

〔用意するひもと本数〕

a					b				
①	編みひも	145cm	×10本		①	編みひも	145cm	× 6本	ホワイト
②	編みひも	143cm	× 4本		②	編みひも	145cm	× 4本	スレートグリーン
③	編みひも	140cm	× 4本		③	編みひも	143cm	× 4本	スレートグリーン
④	編みひも	137cm	× 4本		④	編みひも	140cm	× 4本	ホワイト
⑤	編みひも	134cm	× 4本		⑤	編みひも	137cm	× 4本	スレートグリーン
⑥	編みひも	131cm	× 4本		⑥	編みひも	134cm	× 4本	ホワイト
⑦	編みひも	128cm	× 4本		⑦	編みひも	131cm	× 4本	スレートグリーン
⑧	編みひも	125cm	× 4本		⑧	編みひも	128cm	× 4本	ホワイト
⑨	編みひも	122cm	× 4本		⑨	編みひも	125cm	× 4本	スレートグリーン
⑩	編みひも	119cm	× 4本		⑩	編みひも	122cm	× 4本	ホワイト
⑪	持ち手ひも	120cm	× 8本		⑪	編みひも	119cm	× 4本	スレートグリーン
					⑫	持ち手ひも	120cm	× 8本	スレートグリーン

〔bの作り方〕

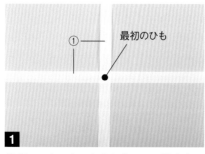

1 ①編みひも2本の中央を合わせ、縦方向の
ひもを上にして十字にし、中央を両面テープ
でとめる。※方眼マットの上に養生テープを貼り、
マス目に合わせながらひもを並べます（p.36の
Point参照）。

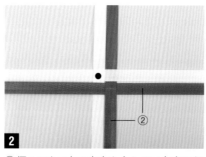

2 ②編みひも2本の中央を合わせて十字に組
み（縦方向のひもが上）、両面テープでとめる。
1の右下に編み目が互い違いになるように編
み入れる。

3 同様に十字に組んだ①編みひもを右下に編
み入れる。

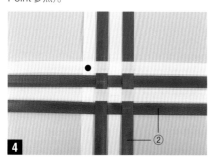

4 同様に十字に組んだ②編みひもを右下に編
み入れる。

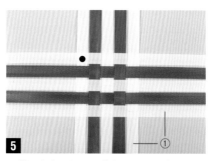

5 同様に十字に組んだ①編みひもを右下に編
み入れる。

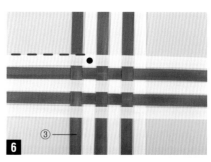

6 **5**の左側に③編みひも1本を赤の破線に中
央を合わせて編み入れる。

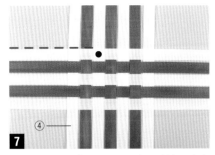

7 同様に左側に④編みひも1本を破線に中央を合わせて編み入れる。

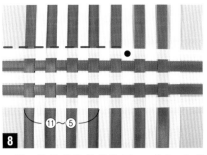

8 同様に⑤⑥⑦⑧⑨⑩⑪編みひもを1本ずつ、中央を合わせて編み入れる。

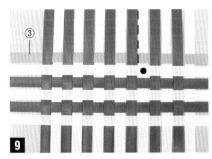

9 今度は上側に③編みひも1本を破線に中央を合わせて編み入れる。

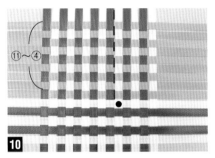

10 同様に④⑤⑥⑦⑧⑨⑩⑪編みひもを1本ずつ、中央を合わせて編み入れる。

11 ひもが動かないように底の四辺を養生テープでとめ、四角を洗濯バサミでとめる。

12 11を180度回転させ、**6**〜**10**と同様に③〜⑪ひもを編み入れる。

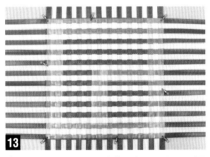

13 底が組めたら、ひもが動かないように四辺を養生テープでとめ、四角と立ち上げ位置(**15**参照)に洗濯バサミをとめる。この面が外側になる。

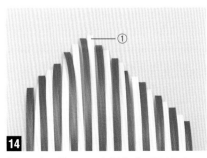

14 編みひもの端は、ひも幅分ずつ短くなる。

15 底を裏返して立ち上げ位置にマスキングテープを貼り、洗濯バサミをはずす。この面が内側になる。四角の洗濯バサミははずさないでおく。

16 テープに沿って定規を当て、内側にしっかりと折る。

17 全部立ち上げたら、角から編み始める。角の①、③編みひもを交差させ、洗濯バサミでとめる。

18 次の角も①、③編みひもを交差させ、洗濯バサミでとめる。残りの角も同様にとめる。

19 底に貼った養生テープをはがす（側面を編むときに編み目が見づらいため）。

20 17の右側の③編みひもを右上方向に編み目が交互になるように編む。これが1本め。

21 左隣の④編みひもを右上方向に同様に編む。2本め。

22 同様に左隣のひも（⑤〜⑪編みひも）を順に全部で9本編む。

23 次の角を編む。①編みひもを右上方向に編み目が交互になるように編む。

24 2つめの角の5本めからは、14段めまで編む（◇の目を1段と数える）。同じ要領で計14本編む。

25 角を全部編むと、中央上部の三角部分が編み残る。

26 横から見たところ。

27 中央上部の三角部分を編む。この面を前側にし（前後と左右で柄の出方が違う）、編み地を整える。

28 縁始末をする。上部の2本のひもを左上方向のひもを手前にして交差させる。

29 右上方向のひもを左下に折り、3目めに通す。ひも端はそのまま出しておく。

30 左上方向のひもを右下に折り、4目めに通す（2目めには入れない）。

31 引き出したところ。ひも端はそのまま出しておく。

32 右隣の2本のひもを**28**と同様に交差させ、右上方向のひもを左下に折り、3目めに通し、左上方向のひもを右下に折り、4目めに通す。

33 同様に右隣のひもを2本ずつ順に始末していく。1周したら、上から5目めまで編み目が互い違いになるように編む。

34 1周編んだところ。左下方向のひもを手前に出しておく。

35 左下方向のひもを右上に折り返す。ひも端を下から3目めの裏側に隠れるようにし、長ければカットする。

36 3目めに通す。

37 右下方向のひもを左上に折り返し、ひも端を下から4目めの裏側に隠れるように調整し、4目めに通す（2目めには入れない）。

38 同様に右隣のひもを2本ずつ順に始末して1周する。最後は模様がつながるように2目めと4目めに通す。

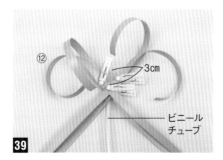

39 p.46の**11・12**を参照し、⑫持ち手ひもを端から30cmのところでクロスさせ、ビニールチューブをはさんで洗濯バサミでとめる。
※チューブが抜けやすいので、チューブの先を3cmくらい出しておきます。

40 チューブをくるみながら、きつめに丸編みを編む。

41

丸編みでチューブの長さ分を編んだら（**39**で出しておいたチューブは途中で引く）、編み始めと編み終わりに養生テープを巻いて固定する。同じものをもう1本作る。

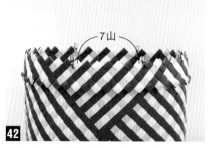

7山

42

持ち手つけ位置に洗濯バサミで印をつける。持ち手の間隔は山7個分、洗濯バサミは、ギザギザの凹みにつける。

裏側

43

41の端を2本ずつ左右に分けて左側は3目め、右側は4目めの編み目（●の目）通す。

裏側

44

通したところ。

裏側

45

下のひもをそれぞれ2目先の目に通し、右側の上のひもはくるりと向こう側に折り返してから5目めに通す。ひもはそのつど引き締める。

裏側

46

右側の下のひもを同様にくるりと折り返してから、7目めに通す。

裏側

47

右側の上のひもと下のひもを、それぞれ1目内側に同様に通す。

裏側

48

左側のひもも同様にくるりと折り返してから、上のひもは4目め、下のひもは6目めに通す。

裏側

49

左側の上のひもと下のひもを、それぞれ1目内側に同様に通す。通した目を手でしっかりとつぶし、ひもの余分をカットする。

裏側

50

もう一方の端も同様につける。

裏側

51

片方の持ち手がついたところ。

52

反対側の持ち手も同様につける。底の内側に貼ったマスキングテープをはがす。

〔aの作り方〕

bと同様に作る。①編みひも2本を中央で十字に組み、十字に組んだ残りの①編みひもを右下に組んでいく。中央を合わせて②〜⑩編みひもを上下左右に組む。**13** 〜 **38** と同様に側面を編んで縁始末をし、⑪持ち手ひもで **39** 〜 **52** と同様に持ち手を作ってつける。

花柄バッグ大・小

写真14—15ページ

〔材料〕

プラカゴテープ（30m巻）
　大　シルバー2巻、ホワイト1巻
　小　ホワイト1巻、シルバー1巻
透明ビニールチューブ（内径9mm、外径11mm）
　大　30cm×2本　小　26cm×2本

〔用具〕　35ページ参照

〔準備〕　36ページと同様

大
23cm
37cm
17cm

小
16cm
21cm
11cm

〔用意するひもと本数〕

大					
①底ひも	108cm	×11本	シルバー		
②底ひも	88cm	×23本	シルバー		
③編みひも	123cm	×10本	ホワイト		
④編みひも	123cm	× 5本	シルバー		
⑤縁始末ひも	119cm	× 2本	シルバー		
⑥通しひも	119cm	×10本	ホワイト	1/2幅にカット	
⑦斜め通しひも	45cm	×17本	ホワイト	1/4幅にカット	
⑧斜め通しひも	45cm	×17本	シルバー	1/4幅にカット	
⑨始末ひも	119cm	× 1本	ホワイト	1/2幅にカット	
⑩持ち手ひも	100cm	× 8本	シルバー	1/2幅にカット	

小					
①底ひも	74cm	× 7本	ホワイト		
②底ひも	64cm	×13本	ホワイト		
③編みひも	75cm	× 7本	シルバー		
④編みひも	75cm	× 3本	ホワイト		
⑤縁始末ひも	72cm	× 2本	ホワイト		
⑥通しひも	69cm	× 7本	シルバー	1/2幅にカット	
⑦斜め通しひも	32cm	×10本	シルバー	1/4幅にカット	
⑧斜め通しひも	32cm	×10本	ホワイト	1/4幅にカット	
⑨始末ひも	72cm	× 1本	シルバー	1/2幅にカット	
⑩持ち手ひも	90cm	× 8本	ホワイト	1/2幅にカット	

〔大の作り方〕

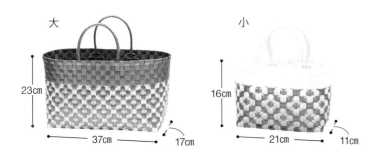

1　p.41「基本のバッグL」と同様に、①底ひも11本と②底ひも23本で底を作る。

2　四辺を養生テープでとめ、p.37「立ち上げる」を参照し、底を裏返して底から出ているひもを内側に立ち上げる。以降、立ち上げたひもはすべて「縦ひも」とする。

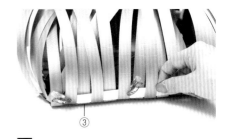

3　p.38「側面を編む」を参照し、③編みひもを左端から2番めの縦ひもの裏側に洗濯バサミでとめ、1段編む。

4　③編みひもで編み始め位置を毎段ずらしながら計10段編む。

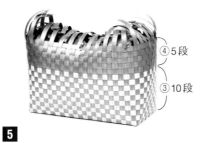

5　④編みひもでさらに5段編む。

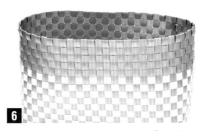

6　p.38「縁始末をする」を参照し、⑤縁始末ひもで縁始末をする。

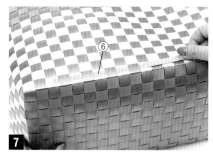

7

⑥通しひも1本を1段めの縦ひもの裏側（③編みひものひも幅中央）に通す。

8

1周通したら、通し終わりは通し始めのひもと重ね、ひも端は縦ひもの裏側に隠れるようにする。

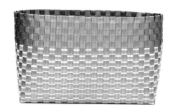

9

同様に⑥通しひもを**4**の10段全部に通す。

10

⑦斜め通しひも1本を半分のところでV字に折り、側面（前側でも後ろ側でもどちらでもよい）の右下の⑥通しひもの下に通す。

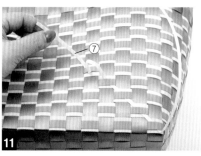

11

⑦斜め通しひもを右下から左上に向かって、⑥通しひもの下を斜めに通していく。

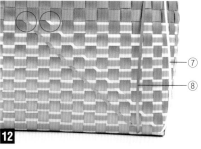

12

⑦斜め通しひもは10段めの⑥通しひもまで通し、ひも端は11段目の④編みひもの裏側に入れる。**11**の⑦斜めひもの左隣に、⑧斜め通しひも1本を同様に通す。

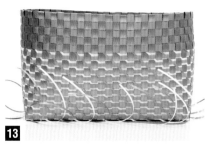

13

⑦斜め通しひもと⑧斜め通しひもを1本ずつ交互に通していく。

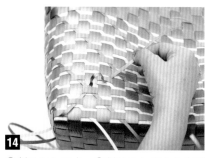

14

⑦斜めひも17本、⑧斜めひも17本を全部通したら、残り半分を左下から右上に向かって通す。

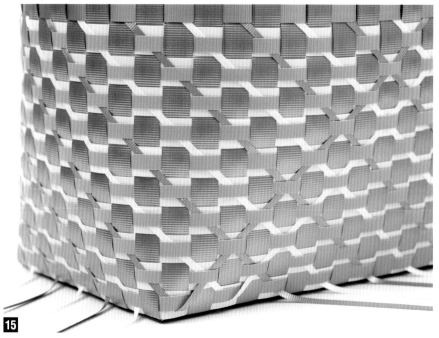

15

⑦、⑧斜め通しひもは⑥通しひもの下、**10**～**13**で通した⑦、⑧斜め通しひもの上を通す。

16

⑦、⑧斜め通しひもを全部通したところ。

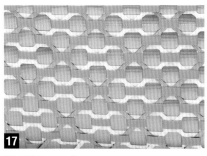

17

編み地のアップ。

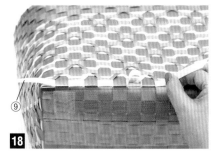

18

⑨始末ひもを側面1段めの編み目に沿って縦ひもの裏側に通す。

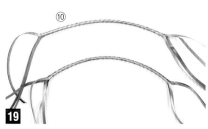

19

p.39「持ち手を作る」を参照し、⑩持ち手ひもで端から35cmのところから丸編みを30cm編み、ビニールチューブに通す。

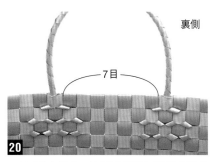

20

p.40「持ち手をつける」と同様に⑩持ち手ひもを通す。

21

底に貼った養生テープをはがす。

〔小の作り方〕

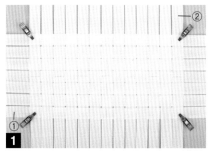

1

p.36「底を組む」を参照し、①底ひも7本と②底ひも13本で底を作る。

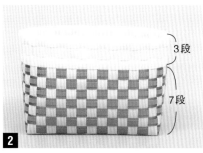

2

裏返して底から出ているひもを立ち上げ、③編みひもで7段（左端の縦ひもからスタート）、④編みひもで3段編み、⑤縁始末ひもで縁始末をする。⑥通しひもを③編みひもの上に沿って縦ひもの裏側に7本通す。

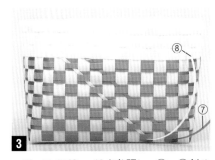

3

p.62・63の**10**〜**18**を参照し、⑦、⑧斜め通しひもを通し（大と縦ひも1本分ずれる）、⑨始末ひもを側面1段めの編み目に沿って縦ひもの裏側に通す。

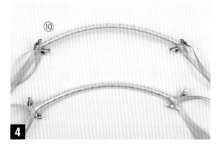

4

p.39「持ち手を作る」を参照し、⑩持ち手ひもで端から30cmのところから丸編みを26cm編み、ビニールチューブに通す。

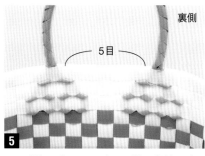

5

p.40「持ち手をつける」と同様に⑩持ち手ひもを通す。

6

底に貼った養生テープをはがす。

花柄バッグアレンジ

写真16ー17ページ

〔材料〕

プラカゴテープ（30m巻）
　a クリームイエロー 2巻、クラレット 1巻
　b ブラック2巻、バトルシップグレー 1巻
透明ビニールチューブ（内径9mm、外径11mm）30cm×2本

〔用具〕 35ページ参照

〔用意するひもと本数〕

a					
①底ひも	90cm × 11本	クリームイエロー		
②底ひも	70cm × 23本	クリームイエロー		
③編みひも	123cm × 10本	クリームイエロー		
④縁始末ひも	119cm × 2本	クリームイエロー		
⑤通しひも	116cm × 10本	クラレット	1/2幅にカット	
⑥斜め通しひも	48cm × 34本	クラレット	1/4幅にカット	
⑦始末ひも	116cm × 2本	クラレット	1/2幅にカット	
⑧持ち手ひも	100cm × 8本	クリームイエロー	1/2幅にカット	

b					
①底ひも	108cm × 11本	ブラック		
②底ひも	88cm × 23本	ブラック		
③編みひも	123cm × 15本	ブラック		
④縁始末ひも	119cm × 2本	ブラック		
⑤通しひも	119cm × 15本	バトルシップグレー	1/2幅にカット	
⑥斜め通しひも	70cm × 34本	バトルシップグレー	1/4幅にカット	
⑦始末ひも	116cm × 2本	バトルシップグレー	1/2幅にカット	
⑧持ち手ひも	100cm × 8本	ブラック	1/2幅にカット	

〔準備〕 36ページと同様

a 16cm 37cm 17cm

b 23cm 37cm 17cm

1 p.36「底を組む」を参照し、①底ひも11本と②底ひも23本で底を作る。

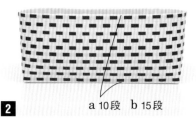

a 10段　b 15段

2 p.61・62の**2〜9**を参照し、裏返して底から出ているひもを立ち上げ、側面を③編みひもでaは10段、bは15段編み、④縁始末ひもで縁始末をする。⑤通しひもを③編みひもの上に沿ってaは10本、bは15本通す。

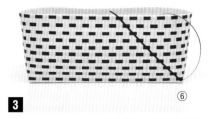

3 p.62・63の**10〜17**を参照し、⑥斜め通しひもを通す。⑥斜め通しひもは最上段の⑤通しひもまで通す。

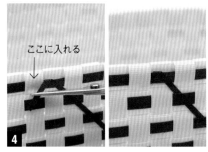

ここに入れる

4 ⑥斜め通しひもの端は左隣の縦ひもの裏側に隠れるように余分をカットし、左隣の縦ひもに入れる。

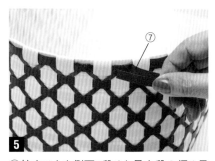

5 ⑦始末ひもを側面1段めと最上段の編み目に沿って縦ひもの裏側に通す。

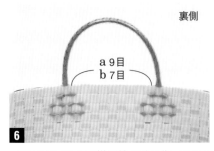

裏側

a 9目　b 7目

6 p.63の**19・20**と同様に持ち手を作ってつける。底に貼った養生テープをはがす。

菱模様スクエアバッグ

写真22—23ページ

〔材料〕

プラカゴテープ（30m巻）ガーネット 2巻、ホワイト 1巻
透明ビニールチューブ（内径 9mm、外径11mm）30cm×2本

〔用具〕 35ページ参照

〔用意するひもと本数〕

①底ひも	120cm × 13本	ガーネット	1/2幅にカット
②底ひも	95cm × 41本	ガーネット	1/2幅にカット
③編みひも	93cm × 41本	ホワイト	1/2幅にカット
④縁始末ひも	92cm × 2本	ホワイト	1/2幅にカット
⑤持ち手ひも	100cm × 8本	ガーネット	1/2幅にカット

〔準備〕 36ページと同様

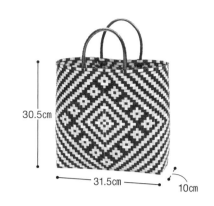

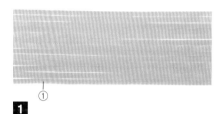

1
①底ひもの中央を合わせ、横方向にすき間なく並べる。※方眼マットの上に養生テープを貼り、①底ひもの両側を養生テープに固定します（p.36のPoint参照）。

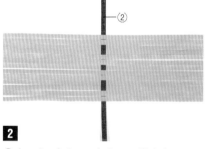

2
②底ひも1本を**1**の中央に、横方向のひもに対して2本下、2本上、2本下、1本上（中央）、2本下、2本上、2本下の順に通す。

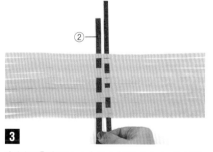

3
左側に②底ひも1本を1本下、2本上、2本下、3本上（中央）、2本下、2本上、1本下の順に通す。

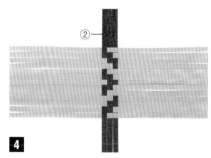

4
さらに左側に②底ひも1本を2本上、2本下、2本上、1本下（中央）、2本上、2本下、2本上の順に通す。

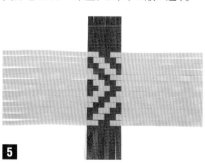

5
p.92の図案を見ながら、左側に②底ひもを通していく。

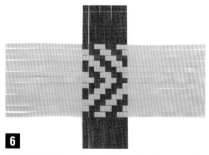

6
少し通したところ。中央から横向きのV字模様ができる。

7
左側に②底ひもを20本通し、ひもが動かないように角を洗濯バサミでとめる。

8 今度は右側に②底ひも1本を1本下、2本上、2本下、3本上（中央）、2本下、2本上、1本下の順に通す。

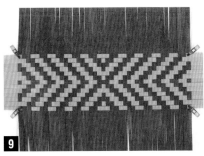

9 p.92の図案を見ながら、右側に②底ひもを20本通し、角を洗濯バサミでとめる。中央から左右対称の模様ができる。

10 四辺を養生テープでとめ、四角を洗濯バサミでとめる。

11 p.37「立ち上げる」を参照し、底を裏返して底から出ているひもを内側に立ち上げる。以降、立ち上げたひもはすべて「縦ひも」とする。

12 ③編みひもを前側の左端から1番めと2番めの縦ひもの裏側に洗濯バサミでとめ、p.92の図案を見ながら編む。1段めは前後中央と左右中央は1目になるので注意する。

13 1段編んだら、p.38「側面を編む」を参照し、編み終わりのひもを編み始めのひもの内側に重ねる。

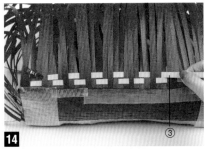

14 2本めの③編みひもを後ろ側の左端から4番めと5番めの縦ひもの裏側に洗濯バサミでとめ、図案を見ながら編む。

15 編み始め位置を毎段ずらしながら、③編みひもで模様を作りながら編む。

41段

16 ③編みひもで計41段編む。③編みひもがはずれないように、洗濯バサミでところどころ縦ひもにとめておく。

17 残った縦ひもを最上段の編み目をくるむように、内側と外側に交互に折る。外側に折った縦ひもを差し込んだときにひも端が編み目から隠れる長さにカットし、模様に合わせて編み目に差し込む（最上段は必ず上を通す）。

18 ④縁始末ひも1本を最上段の縦ひもの裏側に通す。

19 もう1本の④縁始末ひもを最上段の外側に沿わせて洗濯バサミでとめ、内側に折った縦ひもを外側に折り直し、側面の模様に合わせて編み目に差し込む。

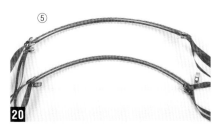

20 p.39「持ち手を作る」を参照し、⑤持ち手ひもで端から35cmのところから丸編みを30cm編み、ビニールチューブに通す。

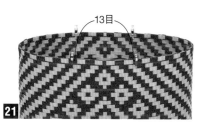

21 持ち手つけ位置に洗濯バサミで印をつける。

22 持ち手つけ位置の編み目に**20**の端を4本重ねて通す。

23 2本ずつ左右に分け、2本のひもを重ねてくるりと向こう側に折り返してから左右外側の2目（●の目）に通す。

24 左右の上のひもをくるりと折り返してから左側の目に通す。下のひもは2目先の2目に通す。

25 左右の上のひもと下のひもをそれぞれ同様に左側の目に通す。ひもはそのつど引き締める。

26 下のひもを同様に左側の目に通す。

27 通した目を手でしっかりとつぶし、ひもの余分をカットする。

28 もう一方の端も同じ要領で左右対称につける。

29 反対側の持ち手も同様につける。底に貼った養生テープをはがす。

菱模様ギザギザバッグ

写真24−25ページ

〔材料〕

プラカゴテープ（30m巻）

　a ブラック 1巻、ローズグレイ 1巻

　b ターコイズブルー 1巻、ホワイト 1巻

透明ビニールチューブ（内径 9mm、外径11mm）30cm×2本

〔用具〕　35ページ参照

〔用意するひもと本数〕

a				
①底ひも	84cm × 13本	ブラック	1/2幅にカット
②底ひも	64cm × 35本	ブラック	1/2幅にカット
③編みひも	90cm × 24本	ローズグレイ	1/2幅にカット
④縁始末ひも	88cm × 2本	ローズグレイ	1/2幅にカット
⑤持ち手ひも	100cm × 8本	ブラック	1/2幅にカット

b				
①底ひも	84cm × 13本	ターコイズブルー	1/2幅にカット
②底ひも	64cm × 35本	ターコイズブルー	1/2幅にカット
③編みひも	90cm × 24本	ホワイト	1/2幅にカット
④縁始末ひも	88cm × 2本	ホワイト	1/2幅にカット
⑤持ち手ひも	100cm × 8本	ターコイズブルー	1/2幅にカット

〔準備〕　36ページと同様

a　18.5cm　26cm　9.5cm

b　18.5cm　26cm　9.5cm

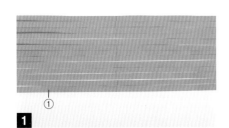

1 ①底ひもの中央を合わせ、横方向にすき間なく並べる。※方眼マットの上に養生テープを貼り、①底ひもの両側を養生テープに固定します（p.36のPoint参照）。

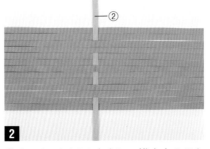

2 ②底ひも1本を1の中央に、横方向のひもに対して2本上、2本下、2本上、1本下（中央）、2本上、2本下、2本上の順に通す。

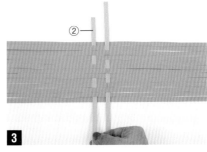

3 左側に②底ひも1本を1本上、2本下、2本上、3本下（中央）、2本上、2本下、1本上の順に通す。

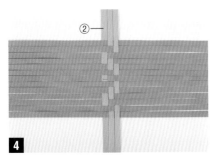

4 さらに左側に②底ひも1本を2本下、2本上、2本下、1本上（中央）、2本下、2本上、2本下の順に通す。

5 p.93の図案を見ながら、左側に②底ひもを通していく。

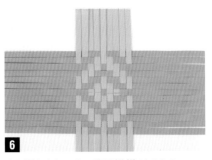

6 少し通したところ。菱形模様ができる。

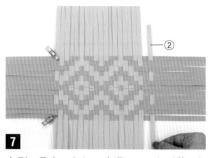

7
左側に②底ひもを17本通し、ひもが動かないように角を洗濯バサミでとめる。今度は右側に②底ひも1本を1本上、2本下、2本上、3本下（中央）、2本上、2本下、1本上の順に通す。

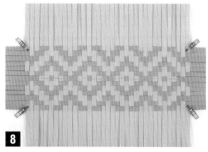

8
p.93の図案を見ながら、右側に②底ひもを17本通す。中央から左右対称の模様ができる。

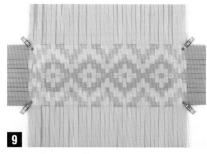

9
四辺を養生テープでとめ、四角を洗濯バサミでとめる。

10
p.37「立ち上げる」を参照し、底を裏返して底から出ているひもを内側に立ち上げる。

11
立ち上げたところ。以降、立ち上げたひもはすべて「縦ひも」とする

12
③編みひもを前側の左端から3番めと4番めの縦ひもの裏側に洗濯バサミでとめ、p.93の図案を見ながら編む。p.38「側面を編む」を参照し、編み終わりのひもを編み始めのひもの内側に重ねる。

13
2本めの③編みひもを後ろ側の左端から4番めと5番めの縦ひもの裏側に洗濯バサミでとめ、図案を見ながら編む。

24段

14
編み始め位置を毎段ずらしながら、③編みひもで模様を作りながら編む。

15
③編みひもで計24段編む。③編みひもがはずれないように、洗濯バサミでところどころ縦ひもにとめておく。

16 残った縦ひもを最上段の編み目をくるむように、内側と外側に交互に折る。

17 外側に折った縦ひもを差し込んだときにひも端が編み目から隠れる長さにカットし、模様に合わせて編み目に差し込む（最上段は必ず上を通す）。

18 ④縁始末ひも1本を最上段の縦ひもの裏側に通す。

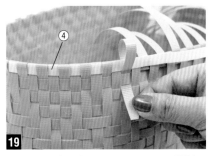

19 もう1本の④縁始末ひもを最上段の外側に沿わせて洗濯バサミでとめ、内側に折った縦ひもを外側に折り直し、側面の模様に合わせて編み目に差し込む。

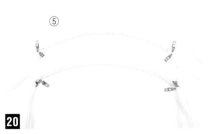

20 p.39「持ち手を作る」を参照し、⑤持ち手ひもで端から35cmのところから丸編みを30cm編み、ビニールチューブに通す。

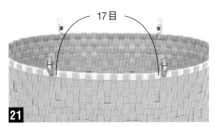

21 持ち手つけ位置に洗濯バサミで印をつける。

22 20の端を2本ずつ左右に分け、2本のひもを重ねてくるりと向こう側に折り返してから上から2段めの編み目（●の目）に通す。

23 ひもを引き締める。

24 左右のひもをくるりと折り返してから左右外側の目に通す。

25 左右のひもを同様に左右外側の目に通す。

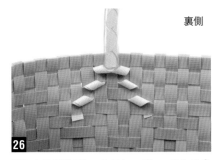

26 通した目を手でしっかりとつぶし、ひもの余分をカットする。

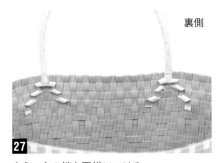

27 もう一方の端も同様につける。

28 反対側の持ち手も同様につける。底に貼った養生テープをはがす。

菱模様の携帯ショルダー

写真26ページ

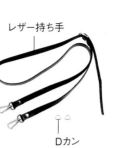

〔材料〕
プラカゴテープ（30m巻）プルシャンブルー 1巻、ホワイト 1巻
内径10mmのDカン2個　レザー持ち手（長さ100cm、ナスカンつき）

〔用具〕　35ページ参照

〔用意するひもと本数〕

①底ひも	58cm ×	3本	ホワイト	1/2幅にカット
②底ひも	48cm ×	13本	ホワイト	1/2幅にカット
③編みひも	45cm ×	20本	プルシャンブルー	1/2幅にカット
④縁始末ひも	43cm ×	2本	プルシャンブルー	1/2幅にカット
⑤ボタンひも	30cm ×	2本	プルシャンブルー	1/2幅にカット
⑥ボタンつけひも	30cm ×	1本	プルシャンブルー	1/4幅にカット
⑦かけひも	30cm ×	1本	プルシャンブルー	1/4幅にカット

〔準備〕　36ページと同様

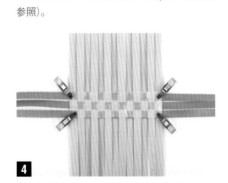

1

①底ひもの中央を合わせ、横方向にすき間なく並べ、②底ひも1本を中央に通す。※方眼マットの上に養生テープを貼り、①底ひもの両側を養生テープに固定します（p.36のPoint参照）。

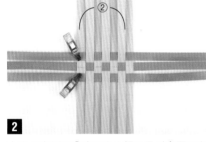

2

中央の左側に②底ひもを編み目が交互になるように6本通す。ひもが動かないように角を洗濯バサミでとめる。

3

同様に右側にも②底ひもを6本通し、角を洗濯バサミでとめる。

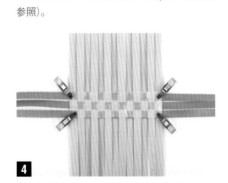

4

編み目を詰め、四辺を養生テープでとめる。

5

底を裏返し、この面（内側）も養生テープでとめる。※この作品は底ひもが抜けやすいため、底の外側と内側の両面に養生テープを貼って固定します。

6

p.37「立ち上げる」を参照し、底から出ているひもを内側に立ち上げる。以降、立ち上げたひもはすべて「縦ひも」とする。

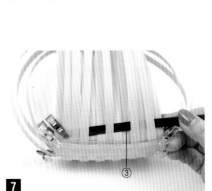

7

③編みひもを前側の左端から2番め、3番め、4番めの縦ひもの裏側に洗濯バサミでとめ、p.92の図案を見ながら編む。

8

編み終わりのひもを編み始めのひもの外側に重ね、ひもの重なり分の長さを測っておく。
※編みひもが抜けやすいので、重なり分を多めにとっています。編み終わりのひもは、あとで形を整えるときに使うので、外側に出しておきます。

9

2本目の③編みひもを後ろ側の中央3本の縦ひもの裏側に洗濯バサミでとめ、同様に1段編む。編み始めと編み終わりのひもの重なり分を**8**と同じ長さにすると、形が歪まない。

10

編み始め位置を毎段ずらしながら、③編みひもで編む。ときどき縦ひもを引っ張って編み目を詰め（引っ張りすぎると縦ひもが抜けることがあるので注意）、形を整える。

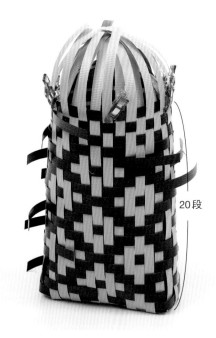

11

③編みひもで計20段編む。

20段

12

残った縦ひもを最上段の編み目をくるむように、内側と外側に交互に折るが、左右中央のひもは折らないでおく。

13

外側に折った縦ひもを差し込んだときにひも端が編み目から隠れる長さにカットし、模様に合わせて編み目に差し込む（最上段は必ず上を通す）。④縁始末ひも1本を最上段の縦ひもの裏側に通す。

14

もう1本の④縁始末ひもを最上段の外側に沿わせて洗濯バサミでとめ、内側に折った縦ひもを外側に折り直し、側面の模様に合わせて編み目に差し込む。

15

縁始末が終わったところ。左右中央の2本の縦ひもだけ残る。

16

外側に出ている編み終わりの③編みひもを編み目を詰めて形を整えながら、模様が続くように側面の編み目に差し込む。

17

全部差し込んだところ。

18

左右中央の縦ひもを上から2段めまで編み目をほどいて外側に出す。

19

最上段の③編みひもと④縁始末ひもの間から出し、上に引く。

20

Dカンを通す。

裏側

21

裏側の上から2段めの編み目に通す。

裏側

22

通したひもをくるりと向こう側に折り返してから、左側の3段めに通す。

裏側

23

同様にくるりと折り返してから、中央の4段めに通す。ひもを引き締め、通した目を手でしっかりとつぶし、ひもの余分をカットする。反対側も同様にDカンを通して始末する。

24

p.49・50の**17**〜**32**を参照し、⑤ボタンひもと⑥ボタンつけひもでボタンを作る。

25

前側中央の上から2段下の編み目に⑥ボタンつけひもを通す。

裏側

26

裏側で2本のひもを結ぶ。

裏側

27

結んだひもをくるりと向こう側に折り返してから左右外側の目に通し、その先の3目に通す。ひもを引き締め、ひもの余分をカットする。

28

後ろ側中央の編み目に⑦かけひもを通し、ひも端を結ぶ。

29

底に貼った養生テープをはがし、持ち手をつける。

菱模様の横長バッグ

写真27ページ

〔材料〕

プラカゴテープ（30m巻）

　ランプブラック 1巻、アンティークグリーン 1巻

透明ビニールチューブ（内径9mm、外径11mm）26cm×2本

〔用具〕　35ページ参照

〔用意するひもと本数〕

①底ひも	97cm	×	5本	ランプブラック	
②底ひも	73cm	×	19本	ランプブラック	
③編みひも	88cm	×	14本	アンティークグリーン	
④縁始末ひも	85cm	×	2本	アンティークグリーン	
⑤持ち手ひも	90cm	×	8本	ランプブラック	1/2幅にカット

〔準備〕　36ページと同様

1

p.36「底を組む」を参照し、①底ひも5本と②底ひも19本で底を作る。

2

四辺を養生テープでとめ、p.37「立ち上げる」を参照し、底を裏返して底から出ているひもを内側に立ち上げる。以降、立ち上げたひもはすべて「縦ひも」とする

3

③編みひもを前側の左端から1番めと2番めの縦ひもの裏側に洗濯バサミでとめ、p.93の図案を見ながら編む。p.38「側面を編む」を参照し、編み終わりのひもを編み始めのひもの内側に重ねる。

4

2本めの③編みひもを後ろ側の左端から2番めと3番めの縦ひもの裏側に洗濯バサミでとめ、図案を見ながら編む。

5

編み始め位置を毎段ずらしながら、③編みひもで模様を作りながら計14段編む。③編みひもがはずれないように、洗濯バサミでところどころ縦ひもにとめておく。

6

残った縦ひもを最上段の編み目をくるむように、内側と外側に交互に折る。

7

外側に折った縦ひもを差し込んだときにひも端が編み目から隠れる長さにカットし、模様に合わせて編み目に差し込み（最上段は必ず上を通す）、④縁始末ひも1本を最上段の縦ひもの裏側に通す。

8 もう1本の④縁始末ひもを最上段の外側に沿わせて洗濯バサミでとめ、内側に折った縦ひもを外側に折り直し、側面の模様に合わせて編み目に差し込む。

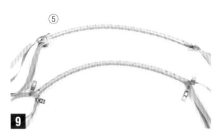

9 p.39「持ち手を作る」を参照し、⑤持ち手ひもで端から30cmのところから丸編みを26cm編み、ビニールチューブに通す。

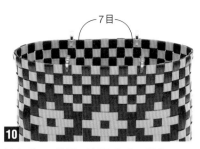

10 持ち手つけ位置に洗濯バサミで印をつける。

11 持ち手つけ位置の編み目に**9**の端を4本重ねて通し、2本ずつ左右に分ける。

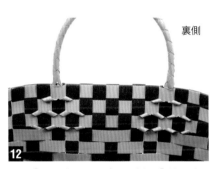

12 p.40「持ち手をつける」と同様に⑤持ち手ひもを通す。

13 反対側の持ち手も同様につける。底に貼った養生テープをはがす。

プラかご作りのコツ①

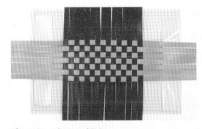

底はまっすぐに組む
底を組むときは方眼マットに養生テープを貼り、両側のひもを養生テープにとめながら、マス目に沿って組みます。

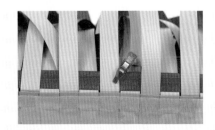

編みひもを縦ひもにとめる
編みひもはところどころ縦ひもにとめながら編みます。編みひもが縦ひもに対して垂直になるように洗濯バサミをとめることが大切。

編み目を詰める
側面を編み終わったら、縦ひもを上に引っ張って編みひもを詰めて形を整えます。

斜め網代の単色バッグ

写真28ページ

〔材料〕
プラカゴテープ（30m巻）トープ 2巻
透明ビニールチューブ（内径9mm、外径11mm）30cm×2本

〔用具〕　35ページ参照

23.5cm
26cm
10.5cm

〔用意するひもと本数〕

①編みひも	119cm × 28本	1/2幅にカット		⑨編みひも	109cm × 4本	1/2幅にカット
④編みひも	118cm × 4本	1/2幅にカット		⑩編みひも	108cm × 4本	1/2幅にカット
⑤編みひも	116cm × 4本	1/2幅にカット		⑪編みひも	106cm × 4本	1/2幅にカット
⑥編みひも	114cm × 4本	1/2幅にカット		⑫編みひも	104cm × 4本	1/2幅にカット
⑦編みひも	113cm × 4本	1/2幅にカット		⑬編みひも	102cm × 4本	1/2幅にカット
⑧編みひも	111cm × 4本	1/2幅にカット		⑭持ち手ひも	100cm × 8本	1/2幅にカット

※p.81と85の作品と底の作り方解説を共通にしているため、②、③は欠番になります。

〔準備〕
①〜⑬編みひもの中央に印をつける。その他は36ページと同様

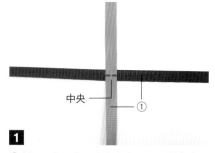

中央
①

1
①編みひも2本の中央を合わせ、縦方向のひもを上にして十字にし、中央を両面テープでとめる。残りの①編みひもも全部十字に組む。※方眼マットの上に養生テープを貼り、マス目に合わせながらひもを並べます（p.36のPoint参照）。

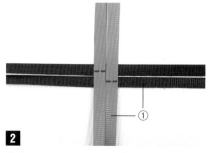

①

2
十字に組んだもう1組の①編みひもを右下に写真のように組む。

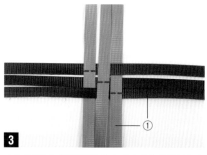

①

3
十字に組んだ①編みひもを右下に写真のように組む。

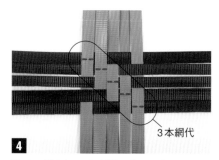

3本網代

4
残りの①編みひもを順に右下に組んでいくが、中央は3本網代（編み目を3本とばす）、それ以外は2本網代（編み目を2本とばす）に組む。

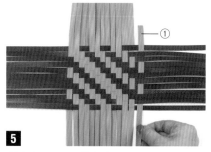

①

5
縦方向のひもは横方向のひもに対して下から、1本上、2本下、2本上の順に通すと2本網代が組める。

①

6
横方向にひもは縦方向のひもに対して右から、1本下、2本上、2本下の順に通す。

7

①編みひもを全部組んだところ (p.94の図案の水色部分)。

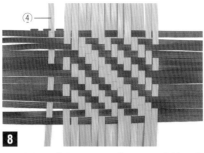

8

7の左側に④編みひも1本を赤の破線に中央を合わせ、2本網代に組む。

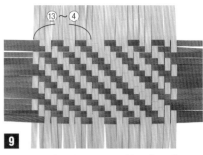

9

p.94の図案を参照し、同様に⑤〜⑬編みひもを1本ずつ、中央を合わせて2本網代に組む (図案のうすピンク部分)。

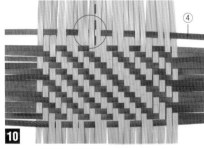

10

今度は上側に、④編みひも1本を赤の破線に中央を合わせて組む。中央線のところは、縦方向のひもの4本下を通し (赤囲み)、それ以外は2本網代に組む。

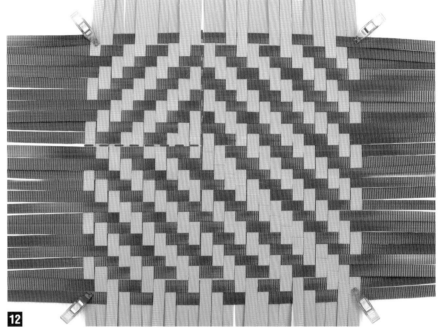

12

左側と上側に④〜⑬編みひもを組んだら (図案のうすピンクとうす緑の部分)、四角を洗濯バサミでとめる。

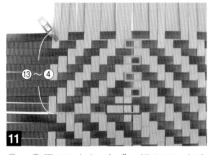

11

⑤〜⑬編みひもを1本ずつ組んでいくが、⑤、⑦、⑨、⑪、⑬のひもは2本網代、⑥、⑧、⑩、⑫のひもは、中央線のところは1本おきにし (青囲み)、他は2本網代に組む。

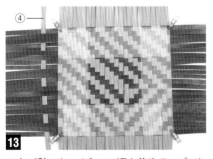

13

ひもが動かないように四辺を養生テープでとめてから180度回転させ、**8〜11**と同様に④〜⑬ひもを組む (図案の濃ピンクと濃緑の部分)。

14

底が組めたところ。四角を洗濯バサミでとめる。

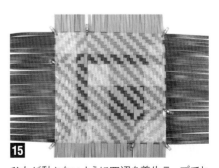

15

ひもが動かないように四辺を養生テープでとめ、四角と立ち上げ位置 (p.92の図参照) に洗濯バサミをとめる。この面が外側になる。

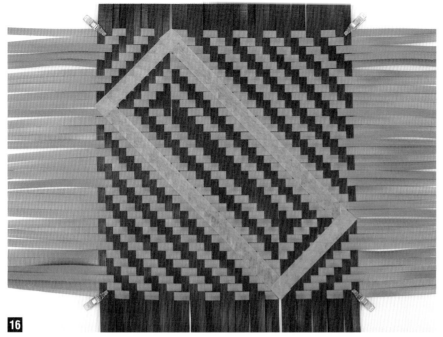

16
底を裏返して90度回転させる。立ち上げ位置にマスキングテープを貼り、洗濯バサミをはずす。この面が内側。四角の洗濯バサミははずさないでおく。

17
テープに沿って定規を当て、内側にしっかりと折る。

18
全部立ち上がったところ。

19
角から編み始める。角の編みひもを2本ずつ交差させ、2本網代になるように組み（底の編み目と2本網代でつながるようにする）、洗濯バサミでとめる。

20
次の角も編みひもを2本ずつ交差させ、洗濯バサミでとめる。残りの角も同様にとめる。

21
底に貼った養生テープをはがす（側面を編むときに編み目が見づらいため）。

22
19の右側の編みひもを右上方向に2本網代で24目まで編む。これが1本め。

23
左隣の編みひもを右上方向に同様に編む。2本め。

24 10本
同様に左隣のひもを順に、全部で10本編む。

25 次の角を編む。編みひもを右上方向に2本網代で34目まで編む。

26 左隣の編みひもを同様に編む。

27 2つめの角の途中からは23段め（◇の目を1段と数える）まで編み、計24本編む。

28 同様に残りの角を編む。角を全部編むと、中央上部の三角部分が編み残る。

29 中央上部の三角部分を編む。編み地を整え、右上方向のひもを手前に出す。

30 縁始末をする。2本ずつ始末していく。手前に出した右上方向のひもを右下に折る。

31 **30**のひもを上から3目めと4目めの編み目（●の目）に通す。

32 続けて7目めと8目めに通す。ひも端はそのまま出しておく。

33 左隣の左上方向のひもを左下に折る。

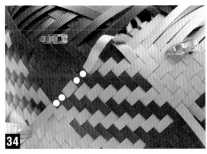

34 **33**のひもを上から5目めと6目め、9目めと10目めに通す。

35 **30**〜**34**をくり返し、左隣のひもを2本ずつ順に始末していく。

36 1周始末したところ。

37 左下方向のひもを手前に出す。

38 全部出したところ。

39 左下方向のひもを左上に折り返す。ひも端を下から8目めの裏側に隠れるようにし、長ければカットする。

40 **39**のひもを下から3目めと4目め、7目めと8目めに通す。

41 右下方向のひもを右上に折り返し、ひも端を下から10目めの裏側に隠れるようにし、長ければカットする。

42 **41**のひもを5目めと6目め、9目めと10目めに通す。

43 **39**～**42**をくり返し、右隣のひもを2本ずつ順に始末していく。

44 最後は模様がつながるように通す。※ひもを通しにくいときは、ひも先を斜めにカットして入れます。

⑭

45 p.39「持ち手を作る」を参照し、⑭持ち手ひもで端から35cmのところから丸編みを30cm編み、ビニールチューブに通す。

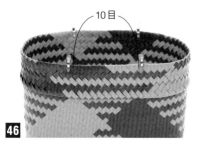

10目

46 持ち手つけ位置に洗濯バサミで印をつける。持ち手の間隔は縁の▽の目10目分。

裏側

47 **45**の端を2本ずつ重ね、左右に分けて左側は1目めと2目め、右側は3目めと4目めの編み目（●の目）に通す。

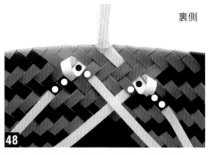

裏側

48 上のひもをくるりと向こう側に折り返してから、左側は3目めと4目め、右側は5目めと6目めにそれぞれ通す。下のひもは2目先の2目に通す。

49　裏側

下のひもをくるりと折り返してから、左右の2目にそれぞれ通す。ひもはそのつど引き締める。

50　裏側

下のひもを同様に、左右の2目にそれぞれ通す。

51　裏側

上のひもを同様に、左側は5目めと6目め、右側は7目めと8目めにそれぞれ通す。

52　裏側

通した目を手でしっかりとつぶし、ひもの余分をカットする。

53　裏側

もう一方の端も同様につける。

54

反対側の持ち手も同様につける。底の内側に貼ったメメキングテープをはがす。

斜め網代の3色バッグ

写真29ページ

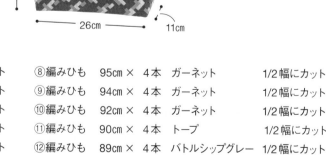

18cm

26cm

11cm

〔材料〕

プラカゴテープ（30m巻）
　ガーネット 1巻、トープ 1巻、バトルシップグレー 1巻
透明ビニールチューブ（内径9mm、外径11mm）26cm×2本

〔用具〕　35ページ参照

〔用意するひもと本数〕

①編みひも	103cm × 20本	ガーネット	1/2幅にカット		
②編みひも	103cm × 4本	バトルシップグレー	1/2幅にカット		
③編みひも	103cm × 4本	トープ	1/2幅にカット		
④編みひも	102cm × 4本	ガーネット	1/2幅にカット		
⑤編みひも	100cm × 4本	トープ	1/2幅にカット		
⑥編みひも	98cm × 4本	バトルシップグレー	1/2幅にカット		
⑦編みひも	97cm × 4本	ガーネット	1/2幅にカット		
⑧編みひも	95cm × 4本	ガーネット	1/2幅にカット		
⑨編みひも	94cm × 4本	ガーネット	1/2幅にカット		
⑩編みひも	92cm × 4本	ガーネット	1/2幅にカット		
⑪編みひも	90cm × 4本	トープ	1/2幅にカット		
⑫編みひも	89cm × 4本	バトルシップグレー	1/2幅にカット		
⑬編みひも	87cm × 4本	ガーネット	1/2幅にカット		
⑭持ち手ひも	90cm × 8本	ガーネット	1/2幅にカット		

〔準備〕

①～⑬編みひもの中央に印をつける。その他は36ページと同様

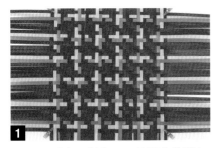

1

p.76・77の**1**〜**14**とp.94の図を参照し、十字に組んだ①編みひもの右下に、十字に組んだ①①②③①①①②③①①①編みひもを順に組む。そのあと④〜⑬編みひもを同様に組む。※わかりやすいように養生テープを貼っていませんが、実際にはp.77の**13**と同様に養生テープを貼ってください。

2

ひもが動かないように四辺を養生テープでとめ、四角と立ち上げ位置（p.94の図参照）に洗濯バサミをとめる。この面が外側になる。

4

p.78の**17・18**と同様にひもを立ち上げ、角から編み始める。角の編みひもを2本ずつ交差させ、2本網代になるように組み（底の編み目と2本網代でつながるようにする）、洗濯バサミでとめる。

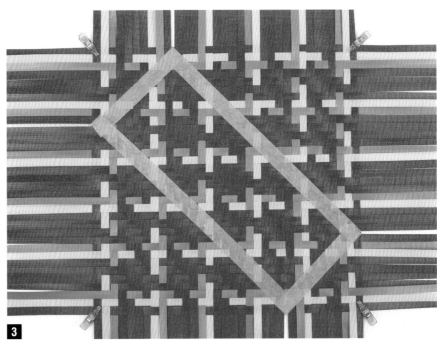

5

p.78・79の**20**〜**29**を参照して側面を2本網代で17段めまで（◇の目を1段と数える）編む。

3

底を裏返して90度回転させる。立ち上げ位置にマスキングテープを貼り、洗濯バサミをはずす。この面が内側。四角の洗濯バサミははずさないでおく。

6

側面のアップ。

17段
16
15
14
13
12
11
10
9
8
7
6
5
4
3
2
1段

7 縁始末をする。クロスする左上方向と右上方向のひもを2本ずつ始末していく。

8 左上方向のひもを右下に折る。

9 8のひもを上から5目めと6目めの編み目（●の目）に通す。

10 右上方向のひもを左下に折り、上から3目めと4目め、7目めと8目めに通す。

11 左隣のひもを2本ずつ始末する。左上方向のひもを右下に折り、2目め、5目めと6目めに通す（9の1本めのひもだけ2目めには入れない）。右上方向のひもは左下に折り、10と同様に通す。

12 11をくり返し、左隣のひもを2本ずつ順に始末していく。最後は模様がつながるように通す。ひも端はそのまま出しておく。

13 1周始末したところ。

14 左下方向のひもを手前に出す。

15 左下方向のひもを上から4段め（8目め）で右上に折り返す。ひも端を下から6目めの裏側に隠れるようにし、長ければカットする。

16 15のひもを下から5目めと6目めに通す。

17 右下方向のひもを上から4段め（8目め）で左上に折り返し、ひも端を下から8目めの裏側に隠れるようにし、長ければカットする。

18 17のひもを下から3目めと4目め、7目めと8目めに通す。

19
左下方向のひもを右上に折り、ひも端を2目め、5目めと6目めに通す（**16**の1本めのひもだけ2目めには入れない）。

20
17〜**19**をくり返し、左隣のひもを2本ずつ順に始末していく。

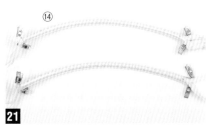

⑭

21
p.39「持ち手を作る」を参照し、⑭持ち手ひもで端から30cmのところで丸編みを26cm編み、ビニールチューブに通す。

山11個

22
持ち手つけ位置に洗濯バサミで印をつける。持ち手の間隔は山11個分、洗濯バサミは、ギザギザの凹みにつける。

裏側

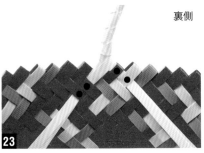

23
21の端を2本ずつ重ね、左右に分けて左側は3目めと4目め、右側は1目めと2目めの編み目（●の目）に通す。

裏側

24
上のひもをくるりと向こう側に折り返してから、左側は5目めと6目め、右側は3目めと4目めにそれぞれ通す。下のひもは2目先の2目に通す。

裏側

25
下のひもをくるりと折り返してから、左右の2目にそれぞれ通す。ひもはそのつど引き締める。

裏側

26
下のひもを同様に、左右の2目にそれぞれ通す。

裏側

27
上のひもを同様に、左側は7目めと8目め、右側は5目めと6目めにそれぞれ通す。

裏側

28
通した目を手でしっかりとつぶし、ひもの余分をカットする。

29
もう一方の端も同様につける。

30
反対側の持ち手も同様につける。底の内側に貼ったマスキングテープをはがす。

斜め網代のカラフルバッグ

写真30―31ページ

〔材料〕

プラカゴテープ（30m巻）

  a グレープ、コチニールレッド、スカイグリーン、
    バトルシップグレー、アクアグリーン 各1巻

  b レモンイエロー、シクラメンピンク、パールホワイト、
    ガーネット、ターコイズブルー 各1巻

b 透明ビニールチューブ（内径9mm、外径11mm）35cm×2本

〔用具〕 35ページ参照

a

b

23.5cm

26cm

10.5cm

23.5cm

26cm

10.5cm

〔用意するひもと本数〕

a

①編みひも	119cm×12本	コチニールレッド	1/2幅にカット
②編みひも	119cm×12本	グレープ	1/2幅にカット
③編みひも	119cm× 4本	アクアグリーン	1/2幅にカット
④編みひも	118cm× 4本	スカイグリーン	1/2幅にカット
⑤編みひも	116cm× 4本	バトルシップグレー	1/2幅にカット
⑥編みひも	114cm× 4本	スカイグリーン	1/2幅にカット
⑦編みひも	113cm× 4本	グレープ	1/2幅にカット
⑧編みひも	111cm× 4本	コチニールレッド	1/2幅にカット
⑨編みひも	109cm× 4本	コチニールレッド	1/2幅にカット
⑩編みひも	108cm× 4本	グレープ	1/2幅にカット
⑪編みひも	106cm× 4本	バトルシップグレー	1/2幅にカット
⑫編みひも	104cm× 4本	スカイグリーン	1/2幅にカット
⑬編みひも	102cm× 4本	アクアグリーン	1/2幅にカット
⑭持ち手ひも	120cm× 8本	コチニールレッド	1/2幅にカット
⑮ボタンひも	40cm× 2本	コチニールレッド	1/2幅にカット
⑯ボタンつけひも	60cm× 1本	コチニールレッド	1/4幅にカット
⑰かけひも	60cm× 2本	コチニールレッド	1/4幅にカット

b

①編みひも	119cm×12本	シクラメンピンク	1/2幅にカット
②編みひも	119cm×12本	レモンイエロー	1/2幅にカット
③編みひも	119cm× 4本	ターコイズブルー	1/2幅にカット
④編みひも	118cm× 4本	パールホワイト	1/2幅にカット
⑤編みひも	116cm× 4本	ガーネット	1/2幅にカット
⑥編みひも	114cm× 4本	パールホワイト	1/2幅にカット
⑦編みひも	113cm× 4本	レモンイエロー	1/2幅にカット
⑧編みひも	111cm× 4本	シクラメンピンク	1/2幅にカット
⑨編みひも	109cm× 4本	シクラメンピンク	1/2幅にカット
⑩編みひも	108cm× 4本	レモンイエロー	1/2幅にカット
⑪編みひも	106cm× 4本	ガーネット	1/2幅にカット
⑫編みひも	104cm× 4本	パールホワイト	1/2幅にカット
⑬編みひも	102cm× 4本	ターコイズブルー	1/2幅にカット
⑭持ち手ひも	110cm× 8本	シクラメンピンク	1/2幅にカット

〔準備〕

①〜⑬編みひもの中央に印をつける。その他は36ページと同様

プラかご作りのコツ②

側面の高さを測る

縁始末をする前に、底からの高さを測って前後左右が均一になるように編み目を整えると、側面がきれいに仕上がります。

ひもを編み目に差し込む

ひもを差し込みにくいときは、ひも先を斜めにカットすると差し込みやすくなります。へら（p.35参照）を使って編み目にすき間を作るのも手です。

[a の作り方]

1

p.76・77の **1 ～ 14** と p.95の図を参照し、十字に組んだ①編みひもの右下に、十字に組んだ②②①③①②②①③①②②①編みひもを順に組む。そのあと④～⑬編みひもを同様に組む。※わかりやすいように養生テープを貼っていませんが、実際には p.77の **13** と同様に養生テープを貼ってください。

2

ひもが動かないように四辺を養生テープでとめ、四角と立ち上げ位置（p.95の図参照）に洗濯バサミをとめる。この面が外側になる。

4

p.78の **17・18** と同様にひもを立ち上げ、角から編み始める。角の編みひもを2本ずつ交差させ、2本網代になるように組み（底の編み目と2本網代でつながるようにする）、洗濯バサミでとめる。

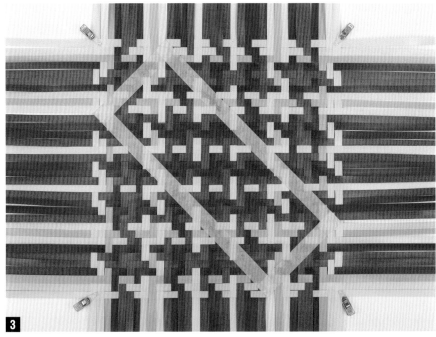

5

p.78・79の **20～29** を参照して側面を2本網代で22段めまで（◇の目を1段と数える）編む。

22段

3

底を裏返して90度回転させる。立ち上げ位置にマスキングテープを貼り、洗濯バサミをはずす。この面が内側。四角の洗濯バサミははずさないでおく。

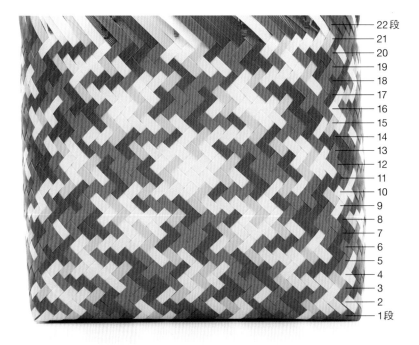

6

側面のアップ。

22段
21
20
19
18
17
16
15
14
13
12
11
10
9
8
7
6
5
4
3
2
1段

7

縁始末をする。クロスする左上方向と右上方向のひもを2本ずつ始末していく。

8

右上方向のひもを左下に折る。

9

8のひもを上から5目めと6目めの編み目（●の目）に通す。

10

左上方向のひもを右下に折り、上から3目めと4目め、7目めと8目めに通す。

11

右隣のひもを2本ずつ始末する。右上方向のひもを左下に折り、2目め、5目めと6目めに通す（1本めのひもだけ2目めには入れない）。

12

10・11をくり返し、右隣のひもを2本ずつ順に始末していく。ひも端はそのまま出しておく。

13

1周始末したところ。

14

右下方向のひもを手前に出す。

15

全部出したところ。

16

右下方向のひもを上から4段め（8目め）で左上に折り返す。ひも端を下から6目めの裏側に隠れるようにし、長ければカットする。

17

16のひもを下から5目めと6目めに通す。

18

左下方向のひもを上から4段め（8目め）で右上に折り返す。ひも端を下から8目めの裏側に隠れるようにし、長ければカットして3目めと4目め、7目めと8目めに通す。

19

18のひもを通したところ。

20

右下方向のひも左上に折り、ひも端を下から2目め、5目めと6目めに通す（**17**の1本めのひもだけ2目めには入れない）。

21

18〜**20**をくり返し、右隣のひもを1本ずつ順に始末していく。最後は模様がつながるように通す。

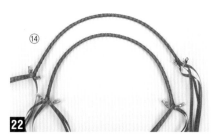

22

p.39「持ち手を作る」を参照し、⑭持ち手ひもで端から15cmのところから丸編みを50cm編む（ビニールチューブには通さない）。

山17個分

23

持ち手つけ位置に洗濯バサミで印をつける。持ち手の間隔は山17個分、洗濯バサミは、ギザギザの凹みにつける。

裏側

24

22の端を2本ずつ重ね、左右に分けて左側は1目めと2目め、右側は3目めと4目めの編み目（●の目）に通す。

裏側

25

p.80・81の**48**〜**51**と同様に通す。通した目を手でしっかりとつぶし、ひもの余分をカットする。もう一方の端も同様につけ、反対側の持ち手をつける。

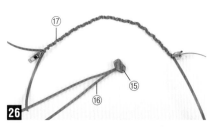

⑰
⑮
⑯

26

p.49〜51の**17**〜**39**を参照し、⑮ボタンひもと⑯ボタンつけひもでボタンを作り、⑰かけひもでかけひもを作る。

裏側
中央
⑰

27

後ろ側中央の編み目（●の目）に⑰かけひも4本を通す。

裏側

28

上の2本のひもをくるりと向こう側に折り返してから右側の2目に通す。

裏側

29

下のひももくるりと折り返してから中央の1目に通す。

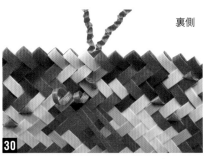

裏側

30

上のひもも下のひももさらに2目ずつ通し、ひもを引き締め、ひもの余分をカットする。

31 前側中央の1目下の編み目に⑯ボタンつけひも2本を通す。

32 裏側

2本のひもをくるりと折り返してから写真の目に通す。

33 裏側

同様にさらに2目に通し、ひもを引き締め、ひもの余分をカットする。

34 底の内側に貼ったマスキングテープをはがす。

〔bの作り方〕

aの**1**〜**21**と同様に作る。p.39「持ち手を作る」を参照し、⑭持ち手ひもで端から40cmのところから丸編みを35cm編み、ビニールチューブに通す。持ち手のつけ方はaと同じ。

収納かご

写真32ページ

〔材料〕

プラカゴテープ（30m巻）

  a クリームイエロー 2巻

  b スレートグリーン 2巻

〔用具〕 35ページ参照

a　16cm　24cm　17.5cm

b　22cm　17.5cm　17.5cm

〔用意するひもと本数〕

a				b			
①底ひも	77cm	×	11本	①底ひも	84cm	×	11本
②底ひも	70cm	×	15本	②底ひも	84cm	×	11本
③編みひも	95cm	×	10本	③編みひも	82cm	×	14本
④縁始末ひも	92cm	×	2本	④縁始末ひも	78cm	×	2本
⑤持ち手芯ひも	44cm	×	4本	⑤持ち手芯ひも	44cm	×	4本
⑥持ち手巻きひも	80cm	×	4本	⑥持ち手巻きひも	80cm	×	4本

〔準備〕 36ページと同様

〔bの作り方〕

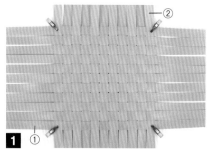

1
p.36「底を組む」を参照し、①底ひも11本と②底ひも11本で底を作る。

2
四辺を養生テープでとめ、p.37「立ち上げる」を参照し、底を裏返して底から出ているひもを内側に立ち上げる。以降、立ち上げたひもはすべて「縦ひも」とする

3
p.38「側面を編む」を参照し、③編みひもを左端の縦ひもの裏側に洗濯バサミでとめ、編み目が交互になるように1段編む。

4
③編みひもで編み始め位置を毎段ずらしながら計14段編む。p.38「縁始末をする」を参照し、④縁始末ひもで縁を始末する。

5
⑤持ち手芯ひもの両端から12cmのところに印をつけ、上から3段めの外側の編み目に、2本重ねて12cm差し込む。

6
上のひもをくるりと向こう側に折り返してから上から4段めの編み目（●の目）に通す。下のひもは2目先の目に通してから、上から6段めの目に同様に通す。ひもを引き締め、通した目を手でしっかりとつぶし、余分をカットする。

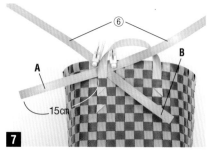

7
⑤持ち手芯ひもの根元に⑥持ち手巻きひも2本を端から15cmのところでクロスさせ、洗濯バサミでとめる。⑥持ち手巻きひもは右上方向のひもを上にする。

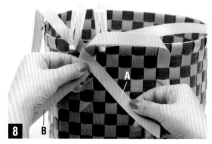

8
Bの下側を左下に折り、Aの下側を右下に折る。

9
8で折ったAのひもをくるりと向こう側に折り返してから上から2段めの目に通す。

10
8で折ったBのひもをくるりと折り返してから上から2段めの目に通す。

11
AとBのひもを同様に上から3段めの目に通す。ひもを引き締め、通した目を手でしっかりとつぶし、余分をカットする。

12
⑥持ち手巻きひもで三角巻きをする。左側の⑥持ち手巻きひもを右斜め上に折る。

13 右側のひもを左斜め上に折り（**12**で折ったひもに重ねる）、⑤持ち手芯ひもの左端で折って裏側に出す。

14 裏側に出した**13**のひもを⑤持ち手芯ひもの右端で折り、右側のひもの下を通して左側へ出す。

15 p.43の**14**〜**17**を参照し、反対側の持ち手の根元まで三角巻きで巻く。

16 残りの⑥持ち手巻きひもをそれぞれくるりと向こう側に折り返してから、上から2段めの目に通す。

17 右側と左側のひもを同様に上から3段めの目に通す。

18 ひもを引き締め、通した目を手でしっかりとつぶし、余分をカットする。

19 反対側の持ち手も同様に作り、底に貼った養生テープをはがす。

〔aの作り方〕

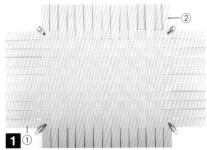

1 bを参照して作る。①底ひも11本と②底ひも15本で底を作る。

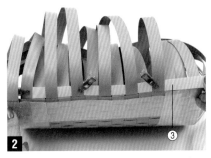

2 四辺を養生テープでとめ、底を裏返して底から出ているひもを内側に立ち上げる。③編みひもを左端から2本めの縦ひもの裏側に洗濯バサミでとめ、編み目が交互になるように1段編む。

3 ③編みひもで編み始め位置を毎段ずらしながら計10段編み、④縁始末ひもで縁を始末する。

4 p.90・91の**5**〜**18**と同様に、⑤持ち手芯ひもと⑥持ち手巻きひもで持ち手を作る。持ち手は短辺の方につける。

5 反対側の持ち手も同様に作り、底に貼った養生テープをはがす。

菱模様スクエアバッグ

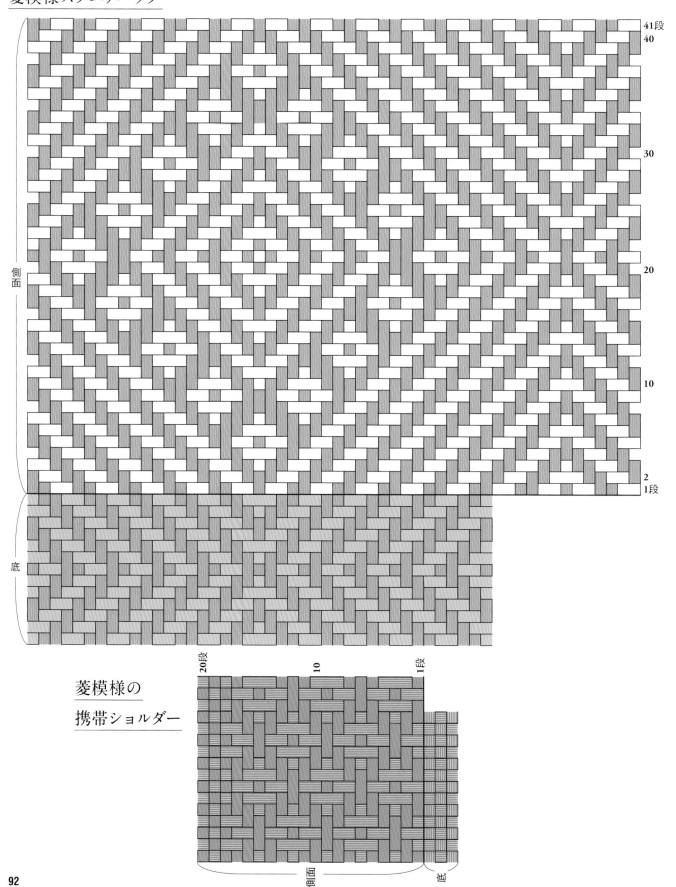

菱模様の
携帯ショルダー

菱模様ギザギザバッグ

菱模様の横長バッグ

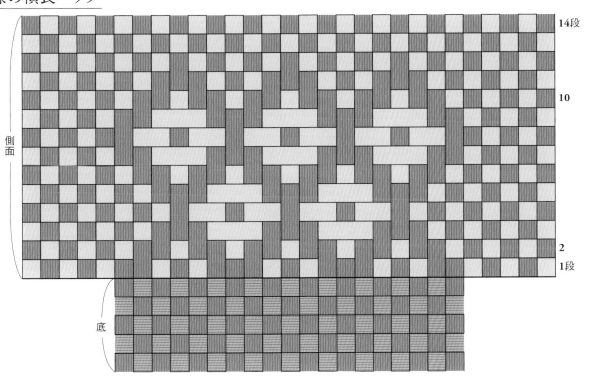

斜め網代の
単色バッグ

中央線を合わせる
底の組み始め
中央線を合わせる

1
2
3
4
5
6
7
8
9
10
11
12
13
14

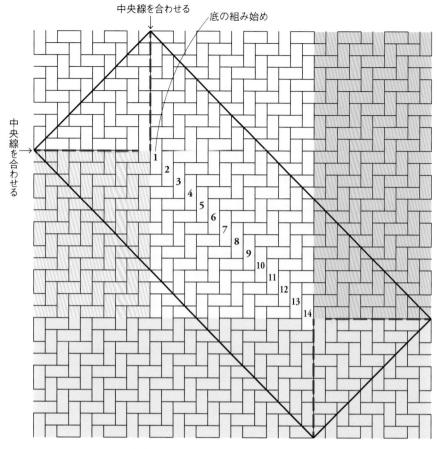

斜め網代の
3色バッグ

中央線を合わせる
底の組み始め
中央線を合わせる

1
2
3
4
5
6
7
8
9
10
11
12
13
14

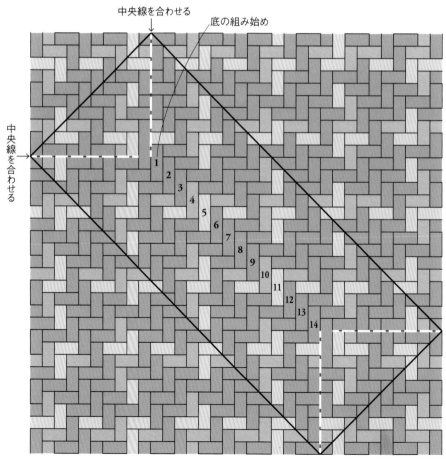

斜め網代の
カラフルバッグ

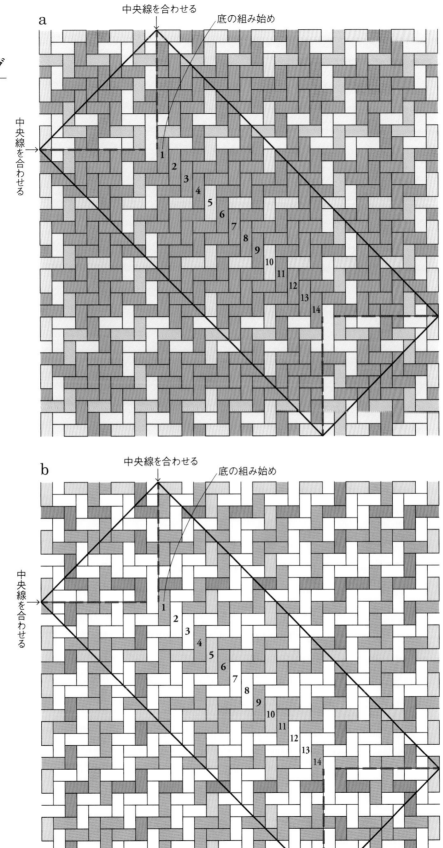

a

中央線を合わせる　　底の組み始め

中央線を合わせる

1
2
3
4
5
6
7
8
9
10
11
12
13
14

b

中央線を合わせる　　底の組み始め

中央線を合わせる

1
2
3
4
5
6
7
8
9
10
11
12
13
14

古木明美　Akemi Furuki

ぷるる工房主宰。神奈川県在住。
2000年より紙バンドの作品デザイン・制作を始める。自宅アトリエでの教室、書籍や雑誌への作品発表、カルチャースクールの監修など、幅広く活躍中。現在は紙バンドにとどまらず、PPバンドなど紙以外の素材を使った作品の発表と指導も行っている。著書に『きれいに作れる紙バンドのかご＆バッグ LESSON』『紙バンドのおしゃれバッグ教室』（河出書房新社）『紙バンドで楽しむ四つだたみ・花結びの教科書（日本ヴォーグ社）『エコクラフトのかご屋さん』（朝日新聞出版）など多数。

ぷるる工房　http://park14.wakwak.com/~p-k/
Blog　https://ameblo.jp/pururu-koubou/
Instagram　@pururu_koubou

ブックデザイン　塚田佳奈（ME&MIRACO）
撮影　滝沢育絵
プロセス撮影　中辻 渉
スタイリング　長坂磨莉
モデル　神原むつえ
ヘア＆メイク　吉川陽子
トレース　大楽里美
校正　渡辺道子
制作協力　植松芳子　長谷川珠理　佐々木礼子
　　　　　鈴木麻子　久保幸　山田成子
編集　小出かがり
編集デスク　朝日新聞出版 生活・文化編集部（森 香織）

◎「プラカゴテープ」提供
紺屋商事株式会社

◎「プラカゴテープ」問い合わせ先
結び屋ちゃんオンラインストア本店
https://clan.shop-pro.jp/
結び屋ちゃん公式 Line
@qpc0251i

※材料の表記は、2024年5月現在のものです。
※印刷物のため、作品の色は実物とは多少異なる場合があります。
※本書に掲載している写真、作品、製図などを製品化し、ハンドメイドマーケットやSNS、オークションでの個人販売、ならびに実店舗、フリーマーケット、バザーなど営利目的で使用することはお控えください。個人で手作りを楽しむためのみにご使用ください。
※お電話等での作り方に関する質問は、お受けしておりません。

PPバンドで作る おしゃれなプラかご

著　者　古木明美
発行者　片桐圭子
発行所　朝日新聞出版
　　　　〒104-8011　東京都中央区築地5-3-2
　　　　（お問い合わせ）infojitsuyo@asahi.com
印刷所　TOPPANクロレ株式会社

©2024 Akemi Furuki
Published in Japan by Asahi Shimbun Publications Inc.
ISBN 978-4-02-333396-3